JULES WEILL

L'ALSACE ET LES ALSACIENS PENDANT LA GUERRE

TOME I

Schutzhaft et expulsion politique d'après des documents et des dossiers inédits

STRASBOURG
ERNEST FINCK, ÉDITEUR
27, rue de la Nuée-Bleue
1921

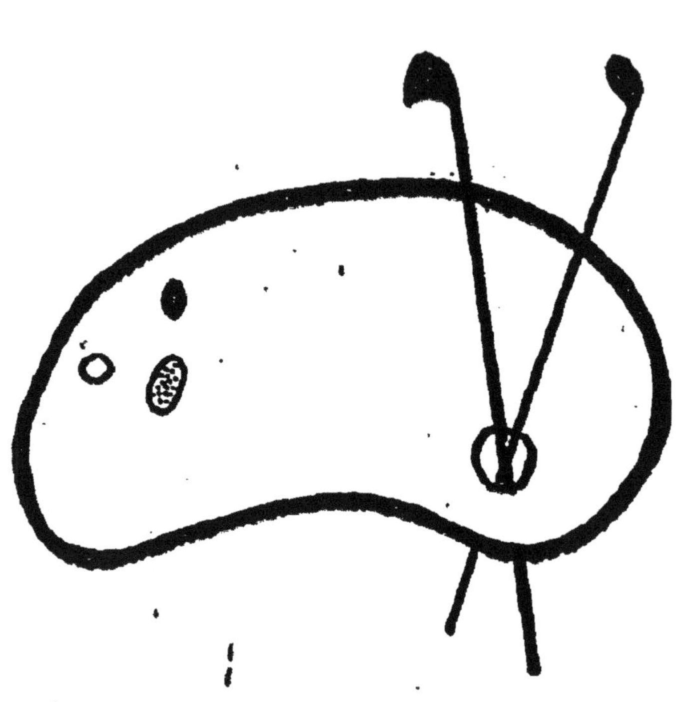

FIN D'UNE SÉRIE DE DOCUMENTS
EN COULEUR

JULES WEILL

L'ALSACE ET LES ALSACIENS PENDANT LA GUERRE

TOME I

Schutzhaft et expulsion politique d'après des documents et des dossiers inédits

STRASBOURG
ERNEST FINCK, ÉDITEUR
27, rue de la Nuée-Bleue
1921

Avant-Propos

La question alsacienne et lorraine est tranchée; les journées glorieuses du 22 novembre 1918 l'ont démontré de la façon la plus éclatante: jamais peut-être, sous notre ciel d'azur, la joie ne déferla en vagues d'aussi fol enthousiasme.

Lors de sa venue à Strasbourg, le Président Poincaré prononçait sur la place Broglie, pavoisée et vibrante, ces paroles mémorables: « le Plébiscite est fait! » Il ne se trompait pas: dans les bras de la Mère-Patrie, de la France enfin retrouvée, l'Alsace-Lorraine se blottissait, émue et frémissante du plus vrai et du plus pur amour; laissant enfin déborder son cœur si longtemps comprimé, goûtant une joie surhumaine, elle se donnait toute, à jamais, en un serment mêlé des larmes du bonheur, à celle pour qui elle avait si longtemps souffert.

Depuis cette journée qui demeurera une page merveilleuse de l'histoire, et dont parleront longtemps nos fils, les heures ont passé: trois ans déjà se sont écoulés...... Mais de l'autre côté des flots du Rhin rapide notre ennemi séculaire n'oublie pas......

Dans l'ombre, l'Allemagne reprend son rêve et examine......

Son courage, un instant abattu, renaît: dans l'ombre elle nous épie; songeant à la revanche prochaine, son regard menaçant et haineux contemple avec rage le clocher de dentelles de notre cathédrale......

Déjà de nombreuses sociétés de propagande se sont formées là-bas, sociétés d'autant plus pernicieuses qu'elles se disent composées d'Alsaciens-Lorrains expulsés de nos territoires, alors qu'elles ne se composent en réalité que de tristes renégats, pour qui nos cœurs sont depuis longtemps morts, ou d'Allemands qui connaissent notre dialecte, ayant habité pendant longtemps notre pays......

Notre ennemi n'a pas oublié!!.... il faut donc veiller et agir, endiguer le flot malsain qui lentement essaie d'arriver jusqu'à nous...... dans le noir!

C'est pour lutter contre cet hydre puissant, pour essayer de combattre la pernicieuse influence qui d'outre-Rhin cherche à nous atteindre, que nous présentons aujourd'hui cet ouvrage de quatre volumes, où avec toute la sincérité de notre âme française, après de patientes recherches, aidé par les documents les plus sérieux, nous nous efforçons d'étaler au grand jour les rouages compliqués et multiples de la propagande allemande, les moyens qu'elle employait, les hommes dont elle se servait chez nous!

Nous ferons au public l'historique de quatre années de guerre: nous ne croyons pas qu'il puisse lire de chapitre d'un intérêt plus émouvant; nous ne croyons pas qu'il existe de pages d'histoire à la fois plus délicates à écrire et plus douloureuses à lire!

Nous parlerons du militarisme prussien, nous montrerons en des pages de souffrance la lutte formidable et dramatique qu'il entreprit avec rage contre certains de nous, et nous montrerons à nos lecteurs que loin d'affaiblir notre courage, de briser nos volontés, chaque vexation, chaque nouvelle douleur, la prison, la forteresse, la mort même qui pourtant calme et finit toutes les peines des cœurs, lorsque de son doigt glacé elle clot les paupières, rien! n'a pu nous abattre, éteindre en nous la petite flamme qui brûlait toujours, égale et calme, pour la France de nos pères!

Ces misères au contraire « francisaient » davantage, les mesures prises contre nous augmentaient notre amour; nous fûmes fiers et heureux de souffrir, car nous savions que sur nos Vosges bleues un jour éclatant allait naître et grandir, que nous saluerions bientôt l'aube de la victoire française et que le drapeau aux trois couleurs chéries flotterait aux fenêtres de nos maisons, doucement caressé par la brise d'Alsace, redevenue française, et qui le restera éternellement, si nous savons unir nos forces vives, si nous serrons tous les coudes, si nous sommes vraiment et puissamment la garde au Rhin, une barrière formidable de cœurs sincères et de corps sains que le Boche astucieux ne franchira point!

Dans notre premier volume, nous nous inclinerons très bas sur les tombes de nos martyrs, et Dieu sait, hélas, si leur liste est longue! Nous rendrons, de tout notre cœur, un hommage ému à ces héros qui dorment leur dernier sommeil, dont beaucoup sont demeurés obscurs; nous ferons revivre des noms, d'humbles noms qui ne doivent pas demeurer dans l'oubli.

Nous parlerons, refoulant notre émotion sincère, pour citer la brutalité des faits, de tous ceux qui luttèrent pendant une période politique agitée, de tous ceux qui décidèrent de souffrir quand même pour conserver l'idée française, et dont l'œuvre fut d'autant plus méritoire que nous nous sentions un peu orphelins, un peu trop seuls pour combattre, trop loins de notre Mère-Patrie qui nous oublia peut-être un peu dans la tourmente.

Malgré tout, soutenus par la foi de la victoire prochaine et par l'amour, ils luttèrent, ces hommes, avec toute leur farouche énergie, obtenant de superbes résultats, et ceux qui sont morts conservèrent jusqu'à la dernière seconde de leur martyre cette même foi et ce même amour.

Notre deuxième volume s'efforcera de montrer le changement, le revirement profond de l'opinion publique en Alsace-Lorraine pendant la grande guerre; par des documents d'une authenticité incontestable, nous prouverons que les Allemands comprirent vite ce revirement général, en saisirent toute l'importance et qu'ils se rendirent vite compte, la rage au cœur, que notre beau pays n'était pas à eux! qu'il ne formait au contraire contre leur race abhorrée, contre leur militarisme, contre leur « Kultur » qu'un bloc, d'un granit très dur, un seul camp ennemi qui n'attendait que le jour de la victoire, pour jeter à leur face sa haine et sa rancœur, pour faire éclater sa joie profonde de les voir enfin partir des territoires où ils se conduisirent en tyrans, et souvent en bourreaux.

Nous arriverons alors au troisième livre: nous le recommandons d'avance à tous les Français de cœur qui scrutent anxieusement déjà l'horizon des frontières, nous le recommandons non point par vanité d'auteur, mais bien parce que nous y parlerons longuement de la propagande des services de l'espionnage allemand. Jusque dans ses moindres détails, nous décrirons la formidable organisation de la police secrète et nous apporterons des lumières si précises, nous la montrerons si bien sous son vrai jour, que nos lecteurs ne pourront conserver la moindre bribe de scepticisme et qu'ils comprendront vite que l'Allemagne possède pour le mal un génie d'organisation vraiment prodigieux.

Et si la terrible et funeste machine dont nous étalerons les rouages, compliqués, mais si habilement conçus, incite les Français à faire bonne garde, si ce livre fait comprendre que l'Allemand possède une arme formidable, qu'il manie avec la plus grande maîtrise, et contre laquelle il faut lutter, notre œuvre nous sera douce, et par ce beau résultat, nous nous estimerons entièrement récompensé!!!

Notre quatrième volume, enfin, s'est donné pour unique but de décrire le rôle véritablement sublime joué par ceux d'entre nous qui durent servir dans les rangs allemands.

On verra que malgré le casque à pointe, malgré l'odieuse livrée grise du costume militaire, leur cœur battait bien pour la France. Pour elle, en effet, même sous la discipline de fer, même sous la mitraille, ils travaillèrent en silence, et contribuèrent, nous le démontrerons, pour une belle part à la grande débâcle teutonne.

Ici notre tâche sera terminée: nous aurons soulevé bien des voiles; de questions inconnues jusqu'à ce jour, nous aurons fait jaillir des problèmes pleins de clartés qui non seulement présentent le plus grand intérêt local, mais qui ajouteront, nous en sommes certains, par leur netteté, par leur réalité précise, une page appréciable à l'histoire de la plus affreuse des grandes guerres.

Nous serons alors heureux et fier, si nous avons réalisé le programme que nous nous sommes tracé: montrer à la France que malgré les petits heurts, malgré les malentendus et les dissentiments qui naissent, malgré tout ce qui s'est produit ou pourra se produire, toutes les chicanes demeureront des querelles banales de sincères amoureux! (Les querelles après tout ne sont-elles pas le piment de l'amour??) L'Alsace ne regrette pas ce qu'elle a fait; elle a « revu » avec infiniment de joie ceux pour lesquels elle soutint une aussi âpre lutte.

Nous disons ceci, pour que dans tous les cœurs la douce paix règne sur notre terre de France; nous l'affirmons, afin de bien montrer à ceux, qui avant de connaître notre nature intime, nos caractères, s u r t o u t nos cœurs, ont porté sur nous des jugements injustes que nous avons subis, et que nous subissons encore avec une peine angoissante.

Français, Alliés, soyez sûrs qu'en agissant ainsi, vous donnez à nos ennemis d'hier une arme toute neuve pour nous battre: l'Allemand n'a toujours cherché et ne cherche encore qu'à profiter du moindre dissentiment qui surgirait, pour nous nuire! Ne le laissons pas pénétrer dans nos petites divisions, contempler nos brouilles de famille. Tout au contraire, rapprochons nos cœurs pour le combat, apprenons chaque jour à nous connaître mieux, regardons les grandes et nobles lignes, ne nous arrêtons pas aux infimes détails!

Nous arrêtons ce trop long avant-propos: nous espérons qu'après nous avoir lu avec attention, les Alsaciens-Lorrains se rappelleront mieux tout ce qu'ils ont enduré de privations, de souffrances et de vexations durant la guerre, que cet ouvrage ravivera leurs cruels souvenirs et qu'ils comprendront que jamais nous ne rendrons assez grâce à la France de ce qu'elle a fait pour notre délivrance et notre bonheur!

Nous serons heureux doublement, si après nous avoir fait l'honneur de nous lire, nos frères de l'intérieur comprennent, eux aussi, que l'Alsace-Lorraine a été toujours et demeurera française, et que nous autres, Alsaciens, nous avons, pendant les mois terribles de la guerre, employé nos âmes et nos cerveaux, donné souvent avec joie nos vies, pour la grandeur de la France immortelle, gardienne et défenseur sublime du droit, de la justice et de la civilisation.

L'Auteur.

INTRODUCTION

En prenant des mesures rigoureuses contre les Alsaciens, les Allemands, maîtres maladroits du pays, ont largement contribué à entretenir la pensée française en Alsace. Ils ont été d'involontaires obstacles à l'œuvre de germanisation.

Quand en 1871, notre province fut arrachée à la France et que nos députés protestèrent contre cette iniquité, la cour des Hohenzollern, fidèle à sa politique de colonisation, inonda l'Alsace de véritables légions de fonctionnaires et de professeurs allemands. Dévoués à la cause de leur souverain, ils s'y installèrent pour diriger notre destin. Ils s'intitulaient « Alsaciens » et vantaient les prétendus beaux résultats de la germanisation. On vit alors les familles autochtones, reléguées au second plan, entreprendre une lutte en vue de rendre d'abord l'Alsace aux Alsaciens, et de la réintégrer ensuite dans le sein de la patrie française.

Ainsi naquit un esprit de protestation. Trente années plus tard, il inspirait la plume des journalistes, le crayon de Zislin, le pinceau de Hansi. Pendant 48 ans d'oppression, la masse des paysans, des ouvriers, des petits bourgeois, ignorant le premier mot d'histoire et de politique, semblaient résignés, mais au fond de leur cœur la pensée française survivait et n'attendait que le moment de s'affirmer. Les injustices et les vexations d'avant-guerre firent éclore des tendances nationalistes. Les cruautés, commises pendant la guerre, ont créé une « Renaissance française » en Alsace.

Subjuguer le monde, tel fut le colossal projet conçu par la cour de Berlin. Un des articles de ce plan envisageait la nécessité de germaniser définitivement la plaine alsacienne, de mâter ceux qui, à la veille même de la catastrophe, n'avaient pas caché leurs sentiments intimes.

Un ami me demandait un jour: « Dites-moi, les Allemands nous ont-ils connus? » Je lui répondis: « Oui, et mieux que nous ne nous connaissions nous-mêmes ». Quand nos concitoyens se rendaient à Nancy pour y fêter le quatorze juillet, quand les jeunes gens s'enrôlaient dans la Légion Étrangère, quand nos sociétés, rentrant de France, rapportaient en cachette des rubans tricolores, ils obéissaient à leur instinct patriotique. Les Allemands, consternés et clairvoyants, n'y voyaient, d'ailleurs avec raison, que l'attachement à une patrie perdue.

Jamais je n'oublierai les heures mornes d'angoisse et de douleur, quand, dans mon petit village, hommes, femmes et enfants apprirent la nouvelle de la mobilisation. A 10 heures du soir, les habitants se groupèrent autour des premiers partants. Tout le monde sanglotait. Etait-ce la peur, la séparation brutale? Non, mais à l'obligation de combattre contre sa conviction, à l'idée de contribuer peut-être à la ruine de son propre avenir, chacun ressentait une immense émotion. Personne ne l'exprimait. Elle appartenait au domaine secret de l'intuition, où les mots ne traduisent plus l'intensité des sentiments.

« Je considère la mort du vieux Simon, écrivait un avocat allemand habitant Strasbourg, comme un symbole solennel et poignant. Ce vieux rentier, propriétaire, passait pour un original, réfractaire impénitent au régime allemand. Il préférait laisser ses immeubles inhabités plutôt que de les louer à des Allemands. Dans la chaleur de son âme vieillissante, il songeait à la France; il désirait ardemment redevenir Français. Le jour de la mobilisation, il se suicida. »

Ces lignes de M. B. Weill[1]) analysent exactement

[1]) *Dr Bruno Weill*, avocat, né le 3 nov. 1883 à Sarrelouis, vint à Strasbourg comme élève en 1898 et à part quelques jours à Metz, vécut à Strasbourg. Sa brochure: *Elsass-Lothringen und der Krieg*, parut chez Singer, Strasbourg, en sept. 1914. Elle fut interdite par les autorités allemandes, «parce qu'elle était de nature à induire en erreur l'opinion publique allemande sur l'état de choses en Alsace-Lorraine». (Paroles du *Landgerichtsrat* Blum.)

Bruno Weill était un homme sans scrupules qui, par ambition, trahissait n'importe quel parti. M. Blum, chef du contrela psychologie de nos vieux concitoyens. Il en a choisi un qui redoutait le désastre. Mais il a oublié d'ajouter, dans sa brochure censurée, que les autres ne désespéraient pas. Ils se préparaient, au contraire, à endurer les pires traitements et se ralliaient à l'assurance suprême de voir notre pays revenir à la patrie française.

Parcourez les listes des Alsaciens suspects, consultez les « livres noirs » et les registres des condamnations pour manifestations francophiles. Ils vous diront l'ampleur de la souffrance de notre peuple et comment il sut combattre pour sa grande et juste cause.

---

espionnage à Fribourg, l'a bien caractérisé dans la phrase suivante: «Si l'on veut juger la personnalité politique de Bruno Weill, il faut noter que celui-ci est un homme extrêmement vaniteux et arriviste, dont les convictions politiques, comme celles de tous les siens, sont entièrement commandées par le souci de se faire une situation personnelle».

Il fut expulsé à l'arrivée des Français et, depuis, il habite Berlin.

CHAPITRE Ier

LA DICTATURE MILITAIRE

La loi sur l'état de siège et son interprétation
Les cas de *Schutzhaft* — La police et les mouchards
Les expulsions politiques

Lorsque les premiers régiments allemands franchirent le Rhin, par l'application des lois militaires, toute circulation se trouva brusquement supprimée. Notre pays se vit soumis à la dictature féroce du militarisme prussien. Pour nous priver de tout soutien moral, on incarcéra ceux qui jusqu'ici étaient tenus pour nos chefs spirituels. Quelle somme d'horreur, d'injustice, et de barbarie représente l'expression de « Schutzhaft » !

La question des emprisonnements préventifs a longtemps préoccupé le Reichstag. Les autorités ont cherché à justifier une illégalité sans pareille qui devait être le premier coup porté à un peuple, acharné à garder pendant 45 ans, contre toutes menaces, ses vrais sentiments. A ce premier article d'un programme mûrement préparé, s'ajoutaient d'autres projets, comme la fameuse « Westmark ». Aucune mesure n'a soulevé autant de réprobation, autant d'objections, même au sein de l'empire allemand. Incarcérer, traiter en vulgaires criminels des gens qui avouaient franchement leur attachement à la France, de tels procédés ne pouvaient que provoquer un curieux conflit entre les autorités civiles et militaires. Bien entendu, la soldatesque eut le dernier mot.

« Il ne faut pas regarder la prison préventive comme une peine, déclare une lettre du ministre de l'intérieur en date du premier juillet 1916, adressée aux présidents de gouvernement et au chef de la police de Berlin. Elle doit tout simplement garantir la sûreté de l'Empire et celle des personnes incarcérées elles-mêmes en leur interdisant tout rapport avec l'extérieur. »

D'après le paragraphe 5 de la loi sur l'état de siège du 4 juin 1851, en effet, les autorités militaires peuvent supprimer l'article 5 de la constitution, c'est-à-dire limiter la liberté individuelle. Cette loi, discutée pendant deux ans au Landtag prussien, n'avait nullement été conçue dans le but d'annuler le droit et dans l'idée d'y suppléer un régime arbitraire imposé par les chefs militaires. « La commission est d'accord, s'écriait le député Reuter le 18 septembre 1849, pour ne pas permettre à un état tyrannique de s'établir, de fixer un règlement légal. » Le paragraphe 17 de la même loi stipule nettement: « Le gouvernement doit rendre compte aux Chambres de la suspension d'un article de la constitution ». Les légistes allemands, et parmi eux feu Laband, spécialiste des points critiques en matière de juridiction en faveur des autorités, ont su, en profitant du texte un peu vague de la loi sur l'état de siège, la détourner complètement de sa signification primitive. Nous ne voudrions pas entrer dans des détails juridiques. Ils nous entraîneraient trop loin. Un livre d'histoire n'est pas une thèse de droit. Nous insistons pourtant sur le fait que l'abolition de l'article 5 de la constitution n'avait pas été sanctionnée par le parlement. Les autorités, en escamotant la loi, ont commis une illégalité sans précédent. Le paragraphe 5 était justifié en cas d'extrême danger seulement et avec le consentement des représentants du peuple. Comme des organes inutilisés s'atrophient et peu à peu dépérissent, les lois, jamais appliquées, tombent dans l'oubli, disparaissent sous les décombres de l'histoire. Personne ne les connaît à fond. Personne ne se rend compte de leur rôle. Mais si l'occasion se produit de leur mise en vigueur, les maîtres de l'heure n'éprouvent aucune difficulté à les interpréter à leur fantaisie. Ainsi en a-t-il été avec la loi sur l'état de siège de 1851.

Dans une circulaire secrète du ministère de la guerre n° 3938/14 g. A. 1. du 2 décembre 1914, on désigne sous la lettre A les gens coupables ou suspects d'espionnage ou de haute trahison. Sous la lettre B sont rangés ceux qui n'ont pas commis un acte punissable, mais qui ont été arrêtés pour des raisons intéressant la sûreté de l'État. A ces deux catégories s'ajoutera plus tard une troisième, comprenant les personnes condamnées à une peine élevée par les conseils de guerre extraordinaires pour manifestations francophiles.

Personne ne songerait à reprocher aux autorités allemandes d'avoir arrêté des personnes, coupables devant la loi, ou compromettant la marche des opérations militaires. Il ne faut pas oublier cependant que plus des trois quarts des intéressés n'ont jamais su pourquoi ils avaient été emprisonnés ou expulsés. Il s'agissait surtout de braves gens, indisposés à l'égard de la plus grande Allemagne, rebelles à reconnaître les beautés du régime prussien. Aussi cherchait-on tous les prétextes susceptibles de justifier les sanctions prises contre ces gens dont le seul crime consistait à ne pas partager l'opinion du gouvernement.

Plusieurs exemples montreront qu'il s'agissait moins de sauvegarder les intérêts militaires que de se venger sur les adversaires obstinés des autorités allemandes. La *Schutzhaft* et les expulsions politiques cachaient des actes de basse-vengeance. Elles servaient d'épilogue à l'affaire de Saverne. Nous n'avons pas l'intention de révéler des cas qui ont occupé ou le *Reichstag* ou le *Landtag* d'Alsace-Lorraine.

Nous nous bornerons à en citer un certain nombre, particulièrement intéressants et inédits.

[cas Marchal]

« M. Jules Marchal, percepteur à Rosheim, a été mobilisé le 19 janvier 1916 au 5e régiment d'artillerie lourde uniquement parce qu'il n'offrait pas de garanties suffisantes au point de vue politique. Il avait été cependant ajourné à titre de fonctionnaire indispensable. Le 30 mars 1916 le *Stellvertretendes Generalkommando* du Ve corps d'armée le réforma pour maladie. Avec le consentement du ministère impérial d'Alsace-Lorraine, on lui désigna la ville de Grunberg en Silésie comme lieu de séjour forcé *(Zwangsaufenthalt)*.

M. Marchal habitait Rosheim depuis le premier août 1912. Dans cette petite ville, le patriotisme français était entretenu par de nombreux éléments de la population. Les Allemands disaient même que M. Anselme Laugel de Saint-Léonard, son entourage et ses amis avaient empoisonné (*sic*) l'atmosphère politique de Rosheim et des environs. D'après le point de vue allemand, M. Marchal, fonctionnaire impérial, ayant juré fidélité et obéissance à sa Majesté l'Empereur, aurait dû donner le bon exemple; le devoir inhérent à sa fonction était de lutter par tous les moyens, contre les tendances nationalistes préjudiciables à l'Etat. De fait, que lui reprochait-on?

Quand il arriva à Rosheim, en 1912, il se fit inscrire, malgré sa qualité de fonctionnaire de l'Etat au bureau des déclarations domiciliaires sous le nom de Jules Marchal (au lieu de Julius). Il avoua d'ailleurs que dans sa famille le français avait toujours été la langue usitée.

Il limitait ses fréquentations aux milieux francophiles de Rosheim, rendait visite notamment à MM. Muenck et Weill, marchands de bois, à M. Ledoux, médecin, et à M. Schiess, pharmacien, tous membres du groupe local du « Souvenir Alsacien-Lorrain ». Le premier fut expulsé pour avoir manifesté des sentiments germanophobes; les autres furent mobilisés à seule fin de les éloigner de Rosheim. D'autre part, les Allemands possédaient la preuve que M. Marchal, ancien soldat allemand, avait refusé d'entrer dans un *Kriegerverein*. Quand on le pria de payer, comme son prédécesseur, M. Wolff, sa part à la société *Männerverein vom Roten Kreuz*, Marchal refusa, prétextant qu'il n'avait pas prévu, dans son budget, des dépenses de cette nature. Or, à l'occasion d'une fête organisée par la fanfare nationaliste de Rosheim, il avait versé une forte somme. Il avait en outre collaboré à la préparation de cette fête. Plus tard, il avait assisté à différentes séances d'une société locale qui, d'après un rapport de la *Kreisdirektion* de Molsheim, avait été souvent reçue en France, et s'était fait « régaler » par la ville de Paris. Autre crime: cette société avait été reçue par le Président de la République.

En dépit de toutes ces preuves, M. Marchal contesta dans un interrogatoire, subi le 23 août 1917, avoir été un adversaire de tout ce qui était allemand et avoir préféré ouvertement la culture française.

A cela, les Allemands répondaient: « Une seule explication nous reste: les sentiments francophiles et germanophobes de cet Alsacien sont à l'état instinctif. Marchal a été élevé à Hayange, où, sous l'influence nuisible de la maison de Wendel, la gallomanie fait partie des bonnes mœurs. Cette remarque semble justifier notre hypothèse. Le séjour de Marchal à proximité d'une forteresse menacée présente un sérieux danger. La population est confirmée dans ses tendances germanophobes par la présence d'un fonctionnaire allemand, inscrit sous un prénom français dans un régistre officiel, parlant de préférence la langue française, limitant ses relations aux chefs du nationalisme français, subventionnant des sociétés francophiles et refusant son adhésion aux cercles allemands. Cette influence pernicieuse, dangereuse, exercée par Marchal à Rosheim, était probablement voulue.

« Sa conduite constitue une série d'actes déloyaux, répréhensibles de la part d'un fonctionnaire allemand. Elle entretient les fâcheuses dispositions d'une population extrêmement douteuse et met en danger la sûreté d'une forteresse et de tout l'Empire. Il faut donc éloigner Marchal sans retard et l'expédier à l'intérieur de l'Allemagne, où il sera privé de tout contact avec une population francophile. »

[cas Abry]

Le cas Abry est non moins typique. Les rapports de police disent ceci:

« M. Abry, Arthur-Marie-Joseph, Ingénieur à Cernay, se trouve en prison préventive. Nous ordonnons de le conduire devant le chef de la police militaire (*Militärpolizeimeister*), à Strasbourg.

« Abry est réputé francophile. Il a donné libre cours à ses sentiments pendant l'occupation de Cernay par les Français en août 1914. Rien ne démontre, il est vrai, qu'il ait favorisé (*sic*) spécialement les troupes françaises. Il ne suffit pas que, depuis lors, Abry se soit conduit d'une manière correcte et qu'aucun acte germanophobe n'ait été remarqué depuis sa première arrestation en septembre 1914.

« L'incarcération nous semble tout de même justifiée, Cernay étant située tout près des tranchées ennemies et l'inculpé ayant au fond des sympathies pour la cause française. »

[cas Kappler]

M. Kappler, Adolphe, ancien boulanger, rentier, a été expulsé du territoire de la forteresse de Strasbourg par ordre du gouvernement militaire en date du 22 août 1914. Voici ce qui disent les rapports à son sujet:

« M. Kappler n'a jamais caché ses sentiments germanophobes. Il a élevé ses fils dans un esprit foncièrement français. L'un d'entre eux est devenu officier français; l'autre, le docteur Emile Kappler, était premier président de la section strasbourgeoise du « Souvenir Alsacien-Lorrain ». Un mandat d'arrêt a été lancé contre lui. Il s'est rendu coupable de haute-trahison et de désertion.

« En cas de séjour prolongé de Kappler à l'intérieur de la zone fortifiée, il pourrait entrer en relations avec son fils actuellement en France et lui communiquer des nouvelles pour le S. R. français. Dans l'impossibilité de le surveiller suffisamment, son éloignement pendant toute la durée de la guerre semble justifié. »

[cas Vetter]

M. Vetter, Jean-Baptiste, bijoutier à Strasbourg, a été expulsé par suite d'un ordre du gouvernement militaire du 2 août 1914. Que lui reproche-t-on? Voici:

« Vetter est animé de sentiments antiallemands très prononcés. En février 1914, il a assisté à la *Taverne Alsacienne* à un des banquets annuels du groupe francophile des étudiants alsaciens-lorrains (*Wurstbankett*). Il a pris une part active aux élections du *Landtag*, en 1911, comme membre de l'union nationaliste des Wetterlé, Blumenthal et consorts. Par un jugement prononcé devant le tribunal des échevins, le 3 avril 1912, Vetter a été condamné à une amende de 4 marks parce que, au mépris des arrêtés existants et d'un refus de la direction de police à une requête signée de lui, il avait placé à la devanture de son magasin l'indication française: « A partir du 15 mai 1912, rue du Dôme 9 ». Peu de temps après, il exposait à sa vitrine quatre autres inscriptions: « Ici, on parle allemand ». Ce procédé dénote le caractère récalcitrant de Vetter. On peut l'estimer une insulte au génie allemand.

« Cette manière de faire, influence de façon déplorable une population en partie suspecte et irritable. Le séjour de Vetter dans une forteresse située près du front présente donc un danger pour la sûreté de l'Empire. »

Les membres de nos sociétés à tendances francophiles, les rédacteurs des journaux d'opposition, les nationalistes, d'autres personnalités encore figuraient sur les listes noires. Il fallait les rendre inoffensifs soit en les bannissant, soit en les emprisonnant. Ces sanctions dissimulaient d'anciennes rançunes. Des affirmations comme: « La patrie est en danger » ou « La sûreté de l'Etat est menacée », étaient des prétextes tout trouvés pour donner aux autorités un semblant de justification. Si des motifs valables manquaient pour étayer une condamnation, on en fabriquait. Le rapport sur M. Abry montre nettement comment on trouvait facilement une bonne solution.

[cas Oger]

Un des cas les plus intéressants est celui de M. Oger, agent d'assurances à Seltz (Bas-Rhin), suspect aux autorités militaires. Il fut arrêté le 1er août 1914. Dans la lettre n° K. II 11862, en date du 8 septembre 1914, le chef de la police militaire *(Militärpolizeimeister)* de Strasbourg, M. von Lautz, faute de dossier, s'adresse à la *Kreisdirektion* de Wissembourg pour apprendre les raisons de l'arrestation.

Le 10 septembre le *Kreisdirektor* répond: « Oger, 68 ans, a été arrêté conformément à l'article 36 de la loi d'administration militaire et par ordre du *General-Kommando* du XXIe corps d'armée comme « suspect ». Il ne s'agit pas d'une affaire criminelle. Le 11 août, j'ai fait un rapport au ministère à Strasbourg, où je vous prie de bien vouloir vous adresser.

« Oger figurait, il y a 10 ans, sur la « liste », mais il a été rayé plus tard. Je ne puis pourtant vous conseiller son retour en Alsace. Il y jouerait sans doute le rôle de martyr politique et, furieux de son incarcération, ferait de la propagande antiallemande. »

Et voilà! M. Oger a été relaxé le 2 novembre 1914 seulement. On ne se contentait pas d'arrêter un personnage sans raison, on le retenait en prison pendant plus de 3 mois à cause de ...son innocence. Cette histoire ne rappelle-t-elle pas les temps les plus sombres du moyen-âge, ou encore l'époque des lettres de cachet?

Ces cas d'expulsion et d'emprisonnement préventif se basaient sur les rapports de police, qui servaient à dresser les listes noires. Les cas des personnes arrêtées sous l'inculpation d'espionnage ou de haute trahison sont d'une autre espèce.

Jusqu'à maintenant, on a vu que les attendus étaient plus ou moins fondés, les autres arrestations étaient provoquées par de viles dénonciations. Les personnes de la catégorie B ont été emprisonnées à la suite de rapports policiers. Par contre celles de la classe A ont été les victimes d'intrigues abominables combinées par leurs propres compatriotes.

Je touche ici à un chapitre infiniment délicat et douloureux. Il y a eu parmi nous, il faut l'avouer franchement, des misérables qui ont causé le malheur de nombreuses familles et la ruine de beaucoup d'existences. A quels mobiles obéissaient-ils? Ayons la charité de ne pas insister. Le vrai, le bon Alsacien n'aime pas flatter. Ennemi du bruit, il mène une vie retirée et simple. Ceux qui, sous les différentes régimes, ont courbé l'échine et se sont rapidement adaptés; ceux qui étaient *proboches* du temps allemand, bolchévistes pendant la période du *S.- und A.-Rat (soviet)*, pour devenir ultra-français après l'armistice, ceux-là ne sont pas de vrais patriotes. Quant aux délateurs, ils méritent seulement notre mépris.

Les autorités suivaient avec une joie maligne cette lutte engagée au sein même du pays entre quelques germanisés et le gros du peuple. L'Allemand tirait parti de toutes les dénonciations, même anonymes, pour paralyser, et faire disparaître une partie d'entre ceux qu'il n'avait pas repérés jusque-là. Ils pouvaient être innocents du crime dont on les accusait. Peu lui importait! Il se sentait sur un volcan. Il voulait étouffer le feu qui couvait sous la cendre.

Dans le lot des basses dénonciations, je choisirai celle adressée le 14 avril 1915 au chef de la police militaire de Strasbourg. Elle est signée « Vosges », et est libellée en quatre mots: « Simonin [1]) Schir-

[1]) *Camille Simonin*, «appartint au parti libéral du pays jusqu'en 1911, entra après la fondation de l'Union nationale dans

meck est traître». Emprisonner un homme, dénoncé par un adversaire personnel et anonyme, n'est-ce pas le comble de l'injustice? Les autorités militaires ne se gênaient pas pour commettre de véritables crimes en ordonnant des mesures à l'insu du ministère de la guerre. Ceci démontre à l'évidence combien les chefs militaires s'inquiétaient peu de l'administration berlinoise; ils lançaient des ordres sans les faire viser par les autorités supérieures. Le 10 mars 1915 seulement, dans un rapport secret n° 3522 III[b], le chef de l'Etat-Major de l'armée crut devoir renseigner le ministre. Il protestait contre l'acquittement de suspects politiques contre lesquels on n'avait pu trouver la moindre accusation! « Nous avons fait l'observation, écrit-il, que dans le courant des

---

le camps adverse et fit de la propagande dans les réunions publiques pour l'adhésion au nouveau parti. Sous sa direction eurent lieu dans la vallée de la Bruche des réunions que l'on peut qualifier de germanophobes dans lesquels les chefs de l'Union nationale tinrent des discours germanophobes de nature à troubler l'ordre. M. Laugel osa même dans une de ces réunions s'écrier: «Il faut nous débarrasser de tous les étrangers». D'après l'accueil chaleureux fait à ces paroles par les assistants on peut juger que tout le monde avait bien compris que l'on devait se débarrasser des Allemands.

. . . «A mon avis, c'est une influence immédiatement française qui s'est exercé sur lui. Par sa fabrique de St-Dié, où, comme sujet allemand, il préparait du coton et des déchets de coton pour la nitrification, Simonin était en rapports étroits avec le gouvernement français. Ainsi, on ne doit pas exclure la supposition qu'il ait été influencé de ce côté et, que, pour sa part, il ait contribué de tous ses efforts à l'œuvre de francisation et à l'extension des sympathies françaises en Alsace-Lorraine». Rapport de Rupprecht, commissaire spécial à Schirmeck. 20 mai 1915.

derniers mois des personnes suspectes d'espionnage ont été arrêtées et qu'elles ont été acquittées après coup, parce qu'on ne pouvait pas leur mettre à charge un acte répréhensible. Dans l'intérêt de la sûreté de l'empire elles n'auraient pas dû être mises en liberté et ce, pour toute la durée de la guerre. D'autre part, il eût été préférable d'infliger la *Schutshaft* aux personnes, condamnées à un emprisonnement et élargies après avoir purgé leur peine ».

Dans un ordre secret n° 2220/15 g. A. 1. du 20 juin 1915, le ministère de la guerre sanctionne les arrestations et autorise les chefs militaires à incarcérer les suspects.

Quand, en août 1915, les journaux allemands faisaient le récit des prétendus crimes commis par la population alsacienne; quand on nous reprochait de couper les doigts des morts pour en retirer les bagues; quand on nous accusait d'incendier les maisons où logeaient des soldats, voire de mutiler les blessés, il n'était pas étonnant que les soldats d'Outre-Rhin vissent en nous des criminels capables de tout. On nous surveillait et le moindre geste en apparence équivoque était tenu pour préjudiciable aux opérations militaires allemandes. Parmi ces épieurs de l'esprit public, on trouvait des individus, venus Dieu sait d'où, qui, pour mériter la croix de fer, rapportaient à la police le moindre détail, susceptible à leurs yeux de constituer une trahison.

« Lundi dernier, 21 avril 1915, vers minuit, rapporte un nommé Mayer, caporal au *Landsturm-Fussartilleriebataillon* du XVe corps d'armée, je traversai le Faubourg de Pierres. Après avoir franchi le tiers de cette rue, je vis briller derrière moi une lumière très intense. Les rues n'étant plus éclairées, je m'arrêtai. La lumière sortait du troisième ou du quatrième étage de la maison Duchardt, au coin de la rue de la Nuée-Bleue et de la place St-Pierre-le-Jeune. Le rayon lumineux, de la puissance d'un petit hélioscope, balaya la longueur du Faubourg de Pierres, surgit deux fois et s'éteignit tout à coup. »

Une enquête fut ouverte par la police. Seuls des Allemands bon teint habitaient cette maison. L'accusation ne portait donc pas. « Il ne s'agit que d'une lumière ordinaire, bien visible la nuit, puisque maintenant les rues sont plongées dans l'obcurité, » disait le rapport de police. Le héros de l'histoire, furieux d'avoir manqué sa décoration, revint à la charge. Il prétendit *mordicus* qu'il s'agissait d'une lumière anormale, donc de signaux faits à l'ennemi. Seul, le fait que la maison était habitée par des locataires dont l'attitude ne prêtait à aucun soupçon coupa court à l'affaire. Un de nos compatriotes, connu pour ses sentiments germanophobes, eût-il logé à cette adresse, on l'aurait incarcéré, séance tenante.

[cas Kintzler]

« De la lecture de différents articles de journaux, écrit un certain A. Bitzer, d'Onstmettingen (Wurttemberg) le 20 février 1915, dans une lettre, adressée au *Generalkommando* du XIIIe corps d'armée à Stuttgart, j'ai tiré la conclusion que l'Alsace est un centre important d'espionnage.

« Je me crois pour cette raison obligé d'attirer votre attention sur un individu, porteur du brassard de la Croix Rouge, qui voyageait l'année passée d'Ulm à Sigmaringen. Il avait pris place dans le compartiment où mon ami et moi étions assis. Il prétendait accompagner des transports de blessés. Sa femme était Française. Il critiquait les mesures militaires allemandes et quand nous croisâmes quatre ou cinq wagons de Bavarois blessés, il sursauta et s'écria «Les voilà, les *Franzosenfresser!*» Puis il alla s'asseoir dans un autre coin du wagon et entama une conversation avec des soldats. Nous n'entendions plus rien, mais il parlait souvent et un certain abattement régnait parmi les voyageurs!

« Voulant être renseigné sur ce personnage, je le priai, sous un prétexte quelconque, de me donner son adresse. Il me remit un livret, qui est joint à ma lettre.

« Tout d'abord, je n'ai pas voulu nuire à une personne inconnue et j'ai longtemps hésité à la dénoncer aux autorités. Mais l'aventure ne me laisse plus de repos. Cette histoire trouble mon sommeil et, pour calmer ma conscience, je me suis décidé à agir. Je vous conseille donc d'avoir l'œil sur M. Kintzler, Alphonse, de Colmar. Il pourrait, parlant les deux langues et ayant des parents en France, nous porter préjudice. Si je me suis trompé, tant mieux; si non, ma déclaration est importante. »

Les Alsaciens suspects avant la guerre pour leurs tendances francophiles ou pour leurs relations avec des Alsaciens germanophobes, étaient l'objet d'une surveillance spéciale. Si on les apercevait à la gare, si on les surprenait parlant à des soldats, des agents les suivaient de près et le moindre mouvement équivoque suffisait à les faire jeter en prison.

[cas Willmann]

Par un ordre secret du gouvernement militaire de Strasbourg, n° 143/15, l'attention de la police fut appelée sur un nommé Willmann, Alphonse, garçon au buffet de la gare d'Appenweier qu'un indicateur traite d'*Erzwackes* et de *Schwobenfresser* et qu'il aurait déjà connu à Strasbourg étant garçon au Café Bauzin. « Willmann, écrit le mouchard, est renseigné sur les transports de troupes. Il n'hésiterait certainement pas à trahir sa patrie et on ferait bien d'éloigner cet individu qui menace la sécurité des opérations militaires. »

Willmann fut expédié à la date du 18 juin 1915 à Harzburg, lieu de séjour forcé.

Les vallées des Vosges, le Haut-Rhin, la zone des armées fourmillaient d'espions, d'agents au service de la police allemande. Tous utilisaient les renseignements fournis par des traîtres. Ils voulaient nettoyer, comme ils disaient, le sol alsacien. Des centaines de pères de famille furent expulsés d'Alsace, obligés d'abandonner leurs femmes, leurs enfants à la misère et aux rancunes d'un ennemi implacable. Un vrai régime de terreur inaugura cette nouvelle phase du programme de germanisation. Sous des prétextes futiles, on se débarassait de ceux qui n'avaient pas caché leurs sentiments ou de ceux qui, dans un moment d'imprudence, avaient laissé entrevoir leur sympathie pour la France.

[cas Didierjean]

Voici un exemple de ces arrestations arbitraires. « M. Didierjean, curé de Breitenau, prétend ne pas savoir l'allemand, écrit le capitaine Meidinger, dans un rapport du 8 août 1914. Il traversait, il y a quelques jours, la position de ma compagnie sur la colline de Neuve-Eglise pour visiter un de ses paroissiens, le chasseur Eiche. Il était à craindre que Didierjean profiterait de sa connaissance des tranchées allemandes pour espionner. Il fut arrêté sur l'ordre du chef du bataillon. »

Dans une lettre du 9 août 1914, adressée à sa sœur, ce curé raconte son arrestation:

« Voici les circonstances, écrit-il, qui ont amené mon arrestation. Comme tu le sais, j'allais faire une petite visite à Eiche pour lui apporter une médaille, ainsi qu'il m'en avait prié par l'entremise de Mme. Girard. »

« Arrivé à une certaine distance du presbytère, c'est-à-dire à un endroit où les cerisiers ont été abattus, je rencontrai des soldats au repos sur le bord de la route. Je leur demandai s'ils connaissaient le soldat Eiche et s'ils pouvaient me dire où je pourrais le rencontrer. L'un d'eux s'offrit immédiatement à m'accompagner. Il me conduisit auprès du capitaine, à qui je demandai la permission de m'entretenir avec Eiche.

« Il me l'accorda sans difficultés et dit à mon guide de continuer à m'accompagner. Lui-même nous suivit.

« Arrivé à proximité de la route qui conduit à Neuve-Eglise, le capitaine me dit d'attendre et fit chercher Eiche par le soldat, venu avec moi. Au bout de quelques instants, Eiche arriva. Nous causâmes quelques minutes ensemble, je lui remis une médaille et une petite croix. Le capitaine se tenait, pendant ce temps, à quelques pas de nous. Au bout d'un moment, il appela Eiche. A cet instant, arriva le major en automobile. Me soupçonnant d'espionage, il me demanda ce que je faisais là.

Je le lui dis. Le capitaine intervint et lui expliqua la raison de ma présence en cet endroit. Néanmoins, le major me dit: « Monsieur, vous êtes mon prisonnier ». Aussitôt deux soldats furent désignés pour me reconduire à Neuve-Eglise. Telles sont les circonstances qui ont amené mon arrestation. »

[cas Jean Mayer]

Voici un autre cas. « Par ordre de la section d'armée B. du 18 septembre 1918 III b/4 n° 66 538, l'écolier Jean Mayer, né le 26 octobre 1903, à Guebwiller, est mis en prison préventive. Mayer, élève du gymnase de Colmar, se servait, dans ses lettres à ses parents, d'un chiffre secret pour donner des nouvelles des bombardements de Colmar. D'un livre français, trouvé dans la maison paternelle, il extrayait des recettes pour la fabrication d'une encre sympathique, probablement dans l'intention d'envoyer des nouvelles secrètes.

A la *Reformschule*, à Kehl, depuis le 25 juillet 1918, il avouait à ses camarades son intention de devenir officier français et de passer à l'ennemi au moment de l'offensive franco-américaine qu'il attendait. Il arriverait à Guebwiller, et indiquerait aux officiers les chemins, les tranchées et les batteries allemandes. Il essaya de gagner son camarade Baier à son plan.

Mayer injuriait l'empereur allemand, l'appelant

Dreckschwob, et prétendait que c'était lui, le grand coupable. « L'empereur, disait-il, a voulu la guerre. Ce n'est pas une honte pour un Alsacien d'être incarcéré pour germanophobie. Au contraire, nous en sommes fiers. Je considérerais comme un honneur d'être fusillé pour avoir communiqué aux Français les plans d'une forteresse et je mourrais en criant: « Vive la France! ». De l'avis général de ses professeurs, malgré sa jeunesse, Mayer se rendait, absolument compte de la portée criminelle de ses propos et de leur caractère de lèse-majesté. Son séjour chez ses parents n'offrant pas la garantie d'une surveillance scrupuleuse, ne mettrait pas fin à ses intrigues perfides et, d'autre part, sa conduite pouvant porter préjudice à l'Empire, la mise en prison préventive de Mayer s'impose, pour parer à un grand danger possible. »

Un curé qui visite un pénitent est arrêté pour avoir *vu* les tranchées allemandes. Un jeune homme de 15 ans animé d'un bel esprit de franchise irraisonnée est jeté au cachot. Ils sont emprisonnés, l'un pour avoir rempli son ministère, l'autre pour avoir caressé un beau rêve. — « Un collégien fait de l'espionnage. » C'est le titre d'un de ces rapports qui n'est en somme que l'histoire émouvante d'un petit Alsacien.

La vallée de la Bruche servait de théâtre aux hauts faits d'une bande particulièrement active de mouchards. Ils étaient secondés par maint compatriote, et par beaucoup d'outre-Rhénans, maris d'Alsaciennes et, aujourd'hui, « réintégrés de plein droit ». On reste effrayé de tous les actes horribles de basse vengeance et des intrigues de tous ces inlassables dénonciateurs. La population terrorisée pendant la guerre par les agents des Ruprecht et des Derichsweiler, qui ordonnaient des arrestations en masses, s'étonne aujourd'hui que ces gens-là soient restés dans le pays; elle s'étonne que ceux qui ont trahi leurs compatriotes, et même leurs propres amis, circulent librement sans avoir été un instant inquiétés.

Tandis que Ruprecht, commissaire spécial à Schirmeck, en date du 20 mai 1915, explique les sentiments francophiles des notables de la vallée, Derichsweiler, commissaire civil (*Zivilkommissar*), recueille les dénonciations tout en utilisant les rapports de son collègue. Quand les raisons invoquées par le premier ne suffisent pas, les intrigues de quelque particulier fournissent les éléments nécessaires pour justifier l'incarcération ou l'expulsion.

[cas Glassmann]

« M. Glassmann, propriétaire d'un tissage à Barembach, rapporte Ruprecht, compte parmi les éléments francophiles de la vallée de la Bruche. Dans les derniers temps, il est sorti de sa réserve habituelle et s'est exprimé nettement contre l'armée allemande. Une fois même, il m'a déclaré qu'il ne regarderait pas comme un malheur de redevenir Français et que l'industrie reprendrait bien vite. Son fils a servi dans l'armée allemande. Il était chauffeur militaire au début de la guerre, et un jour, il n'est plus rentré d'un service commandé au Donon. La femme du garde-forestier Tschupke l'a vu conduire un officier français dans cette région. Ses parents affirmaient qu'il était au camp de Pau, mais il est probable qu'il rend des services à l'armée française puisque, quand les Français sont entrés à Schirmeck, un officier fit dire à M. Glassmann que son fils allait bien. »

« Par un ordre secret de la section d'armée A, n° 117 405/2105 Glassmann, Camille, industriel, né le 30 décembre 1855, ancien maire de Barembach est expulsé du territoire d'Alsace-Lorraine. Glassmann, maire de Barembach jusqu'au début de 1915, disait à un fonctionnaire allemand le second jour de la mobilisation: « C'est de votre faute si la guerre a éclaté ». Son fils, Louis, mobilisé comme conducteur d'automobile, est passé à l'ennemi avec son véhicule. On l'a vu, dix jours après, avec des officiers français, devant un hôtel à Raon-sur-Plaine. Alors que les Français étaient à Barembach, son père délégua auprès de lui un de ses ouvriers pour lui donner de ses nouvelles. M. Glassmann prétend n'avoir pas de nouvelles du déserteur. Deux lettres, arrêtées par le contrôle postal, prouvent cependant que le fils a reçu de la correspondance de son père. Nous soupçonnons Louis Glassmann d'avoir appartenu à Fleurier (Suisse) sous le nom de Leverrier à un bureau d'espionnage. M. Glassmann approuvait la désertion de son fils, qui n'aurait pas voulu trahir ses amis.

« Glassmann a été relevé de son poste de maire au printemps 1915 et, par un ordre du commandement en chef de la section d'armée A du 24 mars 1918, il a été expulsé du territoire des opérations militaires. Nous ne tolérerons jamais son retour à Barembach. Il y abuserait, c'est à craindre, de son autorité de patron et d'ancien maire, en faveur de l'ennemi et favoriserait parmi la population une disposition d'esprit contraire aux intérêts de l'armée. »

Comparons ces deux rapports. Ils démontrent bien la façon dont les mouchards ont travaillé pour arriver à leur but. Là où un simple soupçon ne suffit plus, les dénonciations comblent la lacune. Partout nous retrouvons cette trace d'un « tripatouillage » en règle pour être en droit d'expulser des adversaires du gouvernement allemand.

[cas Thiriet]

Le cas de M. Thiriet est également des plus suggestifs. « Par ordre de la section d'armée A du 30 juin 1918 n° 118 111/2254, M. Thiriet, Camille-Louis-Fernand, commerçant et ancien maire de Saales, est expulsée du territoire des opérations militaires d'Alsace-Lorraine.

« Thiriet est un des ennemis les plus dangereux de la culture allemande. Dès avant la guerre nous le soupçonnions de rendre des services aux Français en leur communiquant des rapports sur les manœuvres militaires allemandes le long de la frontière et d'être en relations avec le S. R. français. Ce soupçon se confirme par le fait que des officiers français lui témoignaient un intérêt assez vif au début de la guerre. M. Kœnig, maire de Rothau, fait prisonnier par les Français, et mis en liberté plus tard, affirmait que le commandant d'un bataillon français auquel il avait demandé la raison de son emprisonnement, lui aurait répondu: « Les Allemands ont emmené et fusillé le maire de Saales. Nous ferons de vous ce que les Allemands ont fait de Thiriet. »

« Le docteur Scheid, rentré de son internement en France, racontait qu'au camp de Snoix, les Français lui auraient demandé: « Où est notre Thiriet? Qu'est-ce que vous avez fait de notre Thiriet?

« Le fils de M. Eckart, âgé de 27 ans, a affirmé, sous la foi du serment, qu'il avait vu Thiriet, le vendredi avant la mobilisation, près d'un poste d'observation français, à Nouveau-Saales. Il se trouvait en compagnie de quelques officiers. Un télescope était orienté sur la tour du Climont. Thiriet cherchait à se dérober à la vue d'Eckart. Il resta encore quelque temps avec les officiers. Chose plus curieuse encore, dans une forêt près de Diespach qui lui appartient, une percée énigmatique au point de vue forestier, et permettant à l'artillerie ennemie de viser la ligne de retraite de l'armée allemande, était terminée le jour même de la mobilisation. Une enquête n'a pas pu prouver la culpabilité de Thiriet et a dû être abandonnée faute de preuves.

« Aucune raison n'autorise un séjour prolongé de Thiriet. Ses relations avec le service d'espionnage français justifient l'hypothèse qu'il essayerait, tout près de tranchées allemandes, de renseigner le S. R. ennemi. »

La guerre venait d'éclater, le peuple alsacien était livré sans merci aux maîtres de l'heure. Combien d'entre ses ressortissants ont été condamnés sans savoir le motif de leur condamnation. Des centaines étaient enfermés dans les prisons wurtembergeoises où, traités comme de vulgaires criminels, ils avaient à expier leurs sentiments de patriotisme français. Il arrive parfois qu'un juge, animé d'un esprit d'équité, acquitte un accusé. Alors le commandant en chef des troupes en Alsace casse le procès et ce sont des reîtres assoiffés de sang qui condamnent à mort ou aux travaux forcés des Alsaciens dont ils savent cependant l'innocence.

[cas Pfiffer]

« M. Pfiffer, Alphonse, entrepreneur de transports, ordonne le commandant de la cour martiale de Neuf-Brisach, en date du 25 novembre 1914, doit être soumis à la détention préventive. Nous ordonnons qu'on le conduise devant le chef de la police militaire (*Militärpolizeimeister*) à Strasbourg. Pfiffer, inculpé de tentative de haute-trahison, a été acquitté par le conseil de guerre extraordinaire, aucune preuve suffisante et irrécusable ne pouvant être produite. Les raisons sont cependant fort graves qui motivent nos soupçons; il nous semble tout indiqué de le garder en prévention jusqu'à ce que les opérations militaires en Alsace soient terminées et qu'un progrès des Français vers Ferrette soit devenu impossible... »

[cas Stöhr]

« M. Stöhr François-Xavier, vicaire à Soultz (Haut-Rhin), prononce la même cour, doit être arrêté et conduit devant le chef de la police militaire à Strasbourg.

« Stöhr était soupçonné de haute-trahison. La procédure fut suspendue faute de preuves suffisantes. L'accusé n'offre aucune garantie politique, il compte au nombre des amis de Wetterlé et depuis le début de la guerre, il circule d'une manière suspecte. Fait important, Stöhr, pour obtenir la mise en liberté du maire de Soultz arrêté par les Français, s'est rendu à Wattwiller auprès du chef des troupes françaises. Il était accompagné de M. Meyer, vicaire de Hartmannswiller. Tous les deux obtinrent la délivrance du maire. Meyer s'est enfui lors de l'avance de nos troupes. Pour ces raisons, l'éloignement de Stöhr pendant toute la durée de la guerre semble justifié. »

Un arrêté du commandant en chef des troupes d'Alsace, en vigueur à partir du 2 novembre 1914, punissait toute manifestation de sentiments francophiles ou germanophobes en vertu du paragraphe 9^b de la loi sur l'état de siège de 1851. Avant cette date, on flétrissait les mesures prises par le gouvernement. On se moquait des victoires allemandes annoncées à grand fracas. Une fois cet ordre lancé on se tint tranquille.

Comment frapper les Alsaciens? se demandaient les autorités. La fameuse loi une fois de plus les tire d'embarras. On va les incarcérer ou les expulser en invoquant le danger que court la sûreté de l'Empire. Cet arrêté du 2 novembre 1914 est appliqué quand il peut rendre des services. On lui suppléera aisément une loi surannée et faussement interprétée, s'il forme un obstacle.

[cas Haehl]

Un ordre du trop fameux von Beck, général de brigade et commandant de Neuf-Brisach, soumit le docteur Haehl de Rufach à un emprisonnement préventif.

« M. Haehl, explique le *Generalmajor*, a dit le 10 octobre 1914, à différentes personnes, peu de temps après la prise d'Anvers par nos troupes: « Ce que les journaux allemands rapportent, il ne faut pas toujours le croire; lisez les journaux étrangers. Dans nos gazettes tout est supprimé afin qu'on n'apprenne pas la vérité. Les Russes sont tout près de Budapest, etc., etc. » Haehl a tenu ces propos avant le 2 novembre 1914. Il ne peut donc être puni. Mais il est animé de sentiments francophiles, il possède une grande fortune, il a une bonne clientèle. Autant de moyens pour lui d'exercer une influence dangereuse sur la population. J'exige son éloignement du Haut-Rhin, jusqu'au terme des opérations militaires. »

Transféré à Tubingue, M. Haehl est mis en liberté le 22 février 1915 et la ville de Wuerzbourg lui est désignée comme lieu de séjour forcé.

[cas Hertzog]

Le 10 octobre 1914, M. Hertzog, Edmond, missionnaire, adresse une lettre à un père religieux, séjournant en Hollande. Il y exprime son désir que l'Alsace-Lorraine soit détachée de l'Empire allemand. La lettre est arrêtée par le contrôle postal, une enquête policière ouverte. L'action n'était pas punissable puisqu'elle était antérieure au 2 novembre 1914. Néanmoins M. Hertzog est arrêté par ordre de la section d'armée Gaede (B) le 23 octobre 1918 et expulsé à Graudenz (Prusse occidentale) en date du 2 novembre 1915.

[cas Lurion]

« Ils n'auront de repos qu'après vous avoir tous exterminés », écrivait Mme Elisabeth Lurion, née Denger, de Strasbourg à son mari, Joseph Lurion, soldat de première classe au 265e de réserve, en date du 29 décembre 1917. Simple femme du peuple, peu instruite mais douée de bon sens, elle savait les motifs qui donnaient lieu aux traitements exceptionnels infligés aux Alsaciens et pourquoi nos malheureux compatriotes étaient incarcérés ou expulsés.

CHAPITRE II

TRAITEMENT DES PRISONNIERS POLITIQUES

Le règlement officiel — Son application
Les martyrs — Les familles en Alsace — Le moral des prisonniers

Quel sort attendait ces malheureux de l'autre côté du Rhin? Considérés comme des traîtres, des espions ou des francs-tireurs, on les torturait, on les soumettait à un régime digne du bagne. Beaucoup sortaient de là infirmes ou malades, d'autres y trouvèrent une mort qui les délivra de l'ennemi implacable.

Le traitement des incarcérés ou des expulsés fut réglé, semble-t-il, par un arrêté secret du ministère d'Alsace-Lorraine, en date du 13 août 1914 et rédigé comme suit: Pour éviter le renouvellement des inconvénients causés par l'incarcération de personnes arrêtées par les autorités militaires, nous ordonnons, après avoir consulté la direction supérieure des prisons, du 7 au 9 août 1914, que : 1° Les personnes en question, si elles n'ont pas été arrêtées pour des raisons d'ordre militaire, doivent être transférées dans les prisons de district ou en prévention. Il ne peut être question d'un emprisonnement dans une prison de bailliage ou dans un autre local que si ladite personne ne peut être remise à la prison du district avant le lendemain. »

On distingue deux classes d'incarcérés:

1° Ceux arrêtés comme suspects d'un acte criminel, c'est-à-dire d'espionnage ou de haute-trahison.

2° Ceux jetés au cachot afin de sauvegarder la sûreté de l'Etat.

« S'il y a des personnes qui ne peuvent pas être rangées dans ces deux catégories, il importera d'indiquer la raison de leur arrestation. Si certaines ont été incarcérées avant la publication du présent arrêté, les déclarations devront être adressées au plus tôt au directeur de la prison du district. »

Il y a encore ceci: « Les personnes arrêtées sans être accusées d'avoir commis un acte criminel ainsi que les étrangers doivent être traitées d'après le régime de la détention préventive en vigueur avant la guerre; il serait même tout indiqué d'atténuer les prescriptions. Quant aux personnes de la première catégorie, c'est le chef militaire qui les a fait arrêter, qui seul est compétent et qui peut leur accorder ou retirer des avantages. Quant aux autres, c'est l'autorité policière, auteur de l'arrestation, qui est compétente. »

Quelques lettres et mémoires inédits prouveront que ni les autorités militaires, ni les administrations des prisons allemandes ne s'occupaient de ces instructions données par le ministère impérial d'Alsace-Lorraine. Non seulement le traitement des suspects n'était pas déterminé par le régime de détention préventive, mais les intéressés étaient purement et simplement soumis à un régime pénitentiaire exceptionnel. Transférés dans des régions, dont la population était surexcitée par les récits mensongers des journaux, les proscrits les plus en vue étaient considérés par les Allemands comme les promoteurs de la guerre. Cette opinion fut soigneusement entretenue Outre-Rhin par le gouvernement lui même.

[cas F. Vogt]

« Jamais je n'oublierai ce voyage, écrit à sa tante, M. Vogt Fernand, en prison préventive à Gmuend le 12 septembre 1914. Depuis 4 heures du matin jusqu'au lendemain à 7 heures nous sommes restés trente voyageurs, enfermés dans un fourgon à bestiaux. A chaque porte se tenaient deux soldats, baïonnette au canon. Une chaleur atroce, pas de nourriture, ni de boisson. A Heilbronn on eut pitié de nous et on nous donna de l'eau. Les arrêts aux gares étaient très humiliants. On nous regardait avec curiosité et méfiance. On nous interpellait:

traîtres, espions et autres amabilités. Un Allemand exprima même le vœu de nous voir pendus à un zeppelin, la tête en bas. A la station de Salzfeld, jamais je n'oublierai ce nom, nous croisâmes un train militaire. Heureusement notre train repartit aussitôt, sans cela notre situation aurait pu devenir périlleuse. »

[cas Sommereisen]

Dans un mémoire inédit, adressé à un ancien député au *Reichstag*, le curé Sommereisen de Kiffis (Haut-Rhin), accusé de haute-trahison et acquitté plus tard par le conseil de guerre, mais emprisonné malgré son acquittement, fait le récit de ses souffrances. Il y a là des scènes émouvantes, vécues par un de ces bons Alsaciens qui, pour avoir provoqué les colères des Allemands, durent endurer les pires traitements. Le style du mémoire est concis. L'auteur note ces impressions au jour le jour. Nous lisons entre autres choses:

« *20 octobre 1914.* Le matin vers 5 h. 15, arrêté par des gendarmes accompagnés de 40 à 50 soldats, baïonnette au canon. Pas une parole de consolation, destinée à rassurer ma vieille mère, âgée de 75 ans. Voyage de deux heures à Wolschwiller, flanqué de douze soldats; temps pluvieux, contrée montagneuse. De Wolschwiller à St-Louis en voiture, à mes frais. J'ai gardé ma soutane. A 11 heures, arrivée à St-Louis. Interrogatoire sommaire, qui prend fin sur cette menace: « Si vous êtes coupable, cela vous coûtera cher ». De midi à 3 heures de l'après-midi dans une chambre, enfermé avec des soldats et des prisonniers français. Tout est abominablement malpropre. Vers 3 heures, après avoir demandé instamment à manger, on me donne un peu de pain, du saucisson et un fond de verre de bière. J'ai payé. A peine avais-je commencé ce modeste repas, qu'on repart pour rester plus d'une heure livré en spectacle au public à la gare. Le compartiment n'a pas été aéré depuis plusieurs jours. Et il est défendu d'ouvrir la fenêtre! A 8 heures et demie j'arrive à Fribourg. Transfert à la prison militaire. Après maintes sollicitations, on me donne encore un peu de pain et une bouteille de bière. A 10 heures, on retourne mes poches.

« *21 octobre 1914*. Réveillé à 7½ heures. Je me promène dans la cour, surveillé par des soldats. Le reste du temps, je suis enfermé dans une cellule sombre. Déjeuner sans fourchette ni cuillère. Sept heures: transféré à la prison de Fribourg. Les avantages, qu'on m'avait fait entrevoir, sont refusés. Une lettre à mon avocat, M. Fehrenbach, n'est pas expédiée. Une autre, adressée à ma mère est retenue sans que j'en sois prévenu. Ma mère s'informa le 26 décembre auprès de la direction, si j'étais encore en vie.

« *28 décembre 1914*. Vers 6 heures du matin

rappelé à Neuf-Brisach. Je pars sans avoir mangé. Je suis conduit devant l'accusateur public, qui me déclare: « Les débats auront lieu le 30 décembre; un défenseur privé ne vous est pas accordé. Vous pourrez voir le défenseur d'office qui a votre dossier en mains depuis dix jours.

« *29 décembre 1914*. Personne ne vient me voir.

« *30 décembre 1914*. Les débats ont lieu à 9 heures du matin. Le défenseur d'office arrive. Il n'a pas vu de dossier, ni reçu de télégramme. Il m'est interdit de lui parler. Sept témoins à charge sont présents: trois douaniers et, comme accusateur principal, l'instituteur qui fait de fausses déclarations. Je fournis des réfutations convaincantes, mais tout cela laisse le juge absolument indifférent. Plus de douze fois, il déclare: « Les cercles catholiques sont bien les pépinières de la germanophobie et de la trahison. » Je suis toutefois acquitté.

« *31 décembre 1914*. A 4 heures, transféré à Strasbourg, rue du Fil (prison). Assez libre, mais mal nourri.

« *5 janvier 1915*. Le soir, l'aumônier m'apporte une bonne nouvelle. Je puis dire la messe. Il m'en apporte aussi une mauvaise: « Demain vous partez pour Tubingue ».

« *6 janvier 1915*. Je me suis levé à 4 heures du matin. Nous partons vers 6½ heures par un temps froid et pluvieux, après avoir attendu dans la cour, en plein air, pendant quelques heures. Le mot d'ordre est: « Celui qui bronche sera fusillé! » Vers 2 heures de l'après-midi nous arrivons à Schiltach. Déjeuner frugal, rien à boire. Il fallait tout payer soi-même. Vers 6 heures, départ. Tout le village se presse devant la maison. Menaces, hurlements, vociférations. On crie: « Où est le sacré calotin (*Pfaffe*)? Tuez-le! » Le sous-officier nous protège *pro forma*. Nous changeons trois fois de train et chaque fois une foule nombreuse, probablement prévenue de notre arrivée, nous offre une réception dans toutes les règles de l'art... A 8 heures et demie, arrivée à Tubingue. Rien à manger. Grossièreté de haut en bas.

« Nous souffrons du froid et de la faim. Les repas sont mal préparés. Deux d'entre nous sont morts des suites des traitements.

« *10 janvier*. J'ai échangé ma soutane contre des habits civils. On ne me permet plus de dire la messe. Dans un corridor étroit et plein de poussière, nous nous promenons quelques heures par jour. Le reste du temps nous sommes enfermés.

« *25 janvier 1915*. J'ai adressé une demande au général en chef pour pouvoir dire la messe et une autre au ministère pour être mis en liberté. Je réclame aussi les « avantages » qu'on accorde dans d'autres prisons; les autorités de Stuttgart les accordent. Le juge de bailliage, furieux, me fait transférer à Ellwangen.

« *30 mars 1915*. Quel voyage! En wagon-cellule. Arrivé à Stuttgart, on me conduit à la prison avec des prostituées et des forçats, menottes aux poignets. On me met dans une chambre en compagnie de neuf criminels. Quelle vie pour un prêtre! De Stuttgart à Ellwangen, promenade en panier à salade! Malgré un arrêt de plusieurs heures, pas un verre d'eau à boire! Pas de dîner: On prétend qu'il est trop tard.

« *24 mars 1915.* J'ai protesté auprès du conseil supérieur. J'écris une lettre au procureur à Mulhouse pour connaître la raison de mon emprisonnement. La demande adressée au général m'est retournée. Celle que j'ai adressé au ministère à Strasbourg n'a pas eu de suite. Ma paroisse a pris, à mon insu, l'initiative d'une démarche collective, signée de tous les fidèles. Mais en vain. »

[cas Hauth]

Dans une lettre du 2 octobre 1914, adressée à son garde-chasse le docteur Emile Hauth, conseiller municipal de Sarreguemines, fait le récit poignant de sa vie de prisonnier.

« Pendant 15 jours, écrit-il, j'ai été incarcéré à la forteresse de Bitche, avec 160 autres personnes. Parmi elles, six prêtres et archiprêtres, plusieurs médecins, notaires, pharmaciens, M. Lamy, de Vic, vice-président du conseil général, M. le comte Boursier du château Batlément, près de Dieuze, avec la comtesse, née de Wangen, une foule de bohémiens avec femmes et enfants, couverts de vermine; beaucoup de juifs polonais terriblement sales et insolents. Nous couchions sur la paille, entassés comme des porcs, aux côtés de cette plèbe malpropre. Bien souvent j'enviai mon cheval qui pouvait reposer dans une étable bien aérée! 15 jours de séjour dans cette vallée de larmes, puis on nous transféra au *Rappele* de Strasbourg où, du moins, nous pûmes dormir dans des lits de prisonniers. Huit jours plus tard, on nous expédia à Heilbronn dans des wagons à bestiaux.

« On nous traite enfin comme des hommes. On s'est rendu compte que nous n'étions ni des criminels ni des francs-tireurs. »

Cette lettre fut arrêtée par le *Königliches Oberamt* et M. Mögling, conseiller du gouvernement (*Regierungsrat*) à Heilbronn, reprocha au docteur d'avoir usé d'un style qui n'était nullement digne d'une personne ayant une instruction soignée. Hauth lui répondit le 10 octobre 1914:

« Quant à la lettre interceptée, écrit-il, je je n'éprouve nullement le besoin d'exprimer mes regrets de vous avoir froissé d'une manière quelconque. Si les expressions critiquées ne vous semplent pas « académiques », je vous prie de considérer que la lettre a été adressée à un garde-chasse, donc à un homme avec qui les termes vigoureux sont de mise. D'ailleurs je me suis borné à une description exacte des faits. Si ma lettre n'était pas rédigée, ainsi que vous le dites, dans un style

« académique », les traitements qu'on m'a fait subir ne l'étaient pas non plus. Ils étaient de nature à provoquer la mauvaise humeur. Il est bien humiliant pour une personne qui a besoin d'écrire la vérité et à laquelle on ne peut reprocher que ses prétendus sentiments, d'être encaquée avec des forçats et des criminels. »

M. Hauth, mis au désespoir par un traitement effroyable et cruel, miné par une nourriture insuffisante et le séjour dans une cellule malsaine, succomba en 1915 en prison. Rendons hommage à son souvenir et saluons sa mémoire !

M. Hauth n'est pas le seul qui soit mort des suites des traitements iniques infligés aux prisonniers politiques. Faut-il rappeler le cas de notre malheureux compatriote M. Preiss? Un grand nombre, rentrés après l'armistice, portaient en eux les germes d'une maladie incurable. Je ne citerai qu'un seul exemple d'autant plus triste, d'autant plus émouvant qu'il s'agit d'un de nos concitoyens les plus sympathiques et qui mourut après une agonie douloureuse le jour même de l'armistice, à l'heure libératrice de notre petite patrie. Et dire qu'il l'avait tant souhaitée et attendue !

[cas E. Jung]

M. Eugène Jung, né le 23 octobre 1886 à Schiltigheim, ancien rédacteur du *Journal d'Alsace*-

Lorraine, fut emprisonné à Strasbourg le 31 juillet 1914 et transféré à la prison de Cannstatt près de Stuttgart (Wurtemberg), le 13 août 1914. Tombé malade en prison, on le libéra le 6 mai 1915 et la ville de Darmstadt lui fut désignée comme lieu de séjour forcé. La même destination était attribuée au docteur Meyer de Benfeld. Par un arrêté du *Stellvertretendes Generalkommando* du XVIIIe corps d'armée en date du 27 mai 1916 n° 5140 Jung fut de nouveau arrêté pour avoir manifesté ses sentiments francophiles et germanophobes dans sa correspondance. Il fut transféré au camp de Holzminden.

Dans une lettre (n° 3040) adressée au gouvernement militaire de Strasbourg, le *Stellvertretendes Generalkommando* du Xe corps d'armée conseille de faire mettre en liberté relative M. Jung eu égard à son état de santé et de le laisser rentrer en Alsace.

En date du 29 septembre 1917, le gouvernement militaire refuse cette mise en liberté. « Le retour de Jung dans la zone fortifiée de Strasbourg, écrit-on, ne peut être accordé. Son expulsion est maintenue. Il est toutefois autorisé à adresser un recours au tribunal militaire d'Empire, à Charlottenbourg. » Le rapport constate que « Jung a vécu en France de janvier 1893 à juin 1904, qu'il est resté sujet allemand parce qu'à cette époque il était mineur et que ses parents étaient rentrés en Alsace avant le délai de dix ans fixé par la loi ». On lit encore: « Son long séjour en France et l'instruction qu'il y reçut ont exercé la plus mauvaise influence sur ses sentiments politiques. En tout cas, comme rédacteur au *Journal d'Alsace-Lorraine,* il a toujours fait preuve d'une haine ardente envers la culture allemande et d'une admiration constante pour la civilisation étrangère! Le *Journal d'Alsace-Lorraine* a entretenu vivace, dans de vastes milieux de la population alsacienne, le contraste entre les deux nations ennemies. Il a réussi à détourner la population de l'influence allemande, et à faire valoir les liens qui unissaient le pays à la France. Ce journal a contribué à créer cet état d'esprit qui, le moment venu serait une arme dont on se servirait pour abolir le régime existant, et amener la rentrée du pays au sein de la France. Jung, à côté de Paul Bourson, de Lucien Mink et de Xavier Kuebler, est responsable de tout cela. »

Un article du 25 juin 1913 est cité comme preuve à l'appui des tendances du *Journal d'Alsace-Lorraine.* Cet article reprend la nouvelle lancée par le *Courrir de Metz* et annonce que le *Generalkommando* du XVIe corps d'armée avait démenti l'information suivant laquelle l'emploi de soldats alsaciens ou lorrains à des postes de confiance avait été défendu par ordre du corps d'armée. Jung insiste surtout sur les traitements exceptionnels infligés aux Alsaciens-Lorrains et il termine son article par les phrases suivantes: « Pour terminer cette histoire, on ferait bien de ne pas causer d'ennuis aux soldats alsaciens-lorrains en les forçant à lutter contre leurs frères. Une pareille mesure ne serait guère utile à la vie allemande en Alsace et pour cette raison on s'en abstient. En cas de guerre, on préférera placer nos soldats en première ligne comme on l'a toujours fait avec les Polonais. Ils seront alors obligés d'avancer et de cette façon on s'en débarrassera. »

Pour avoir offensé dans ces phrases les autorités supérieures de l'armée prusienne, M. Jung, rédacteur responsable du journal, fut condamné le 24 décembre 1913 par le tribunal régional de Strasbourg à une peine de trois semaines de prison. Le rapport ajoute encore que Jung, sous le pseudonyme de « Marcus Allard » a écrit toute une série d'articles dans le but de soulever la population. La chambre correctionnelle du tribunal régional de Strasbourg l'a condamné le 26 février 1914 à une amende de 300 marks parce qu'il avait, dans un article intitulé: « Le caporalisme à l'école du Ban-de-la-Roche », publiquement diffamé les instituteurs allemands. Il avait écrit qu'ils maltraiteraient les élèves du territoire de langue française pour leur inculquer des sentiments germanophiles, et pour leur apprendre la langue d'Outre-Rhin. On obligeait, prétendait-il, les écoliers à chanter des chansons patriotiques pendant les récréations. Les réfractaires étaient frappés par leurs instituteurs.

« Nous insistons, continue-t-on, sur toute une série d'articles publiés par Jung en 1913. Ils étaient destinés à entretenir les dissentiments existant entre la population et les officiers allemands à la suite de l'affaire de Saverne. Jung fit tout son possible pour aggraver ce conflit en faisant miroiter aux yeux des Alsaciens la menace du militarisme prussien; il sut attiser leur haine et leur mécontentement. Dans le premier de ces articles intitulé « Qui nous protégera contre les militaires? », paru le 5 novembre 1913 (*n° 332 du Journal d'Alsace-Lorraine*) il conte une aventure qui lui serait arrivée le jour où le *Reichstag* discuta l'affaire de Saverne. Le mess des officiers, prétend-il, avait été illuminé. Par les fenêtres à demi-ouvertes, la musique, les conversations, les rires et des cris parvenaient à l'oreille des passants. Fatigué par son travail de la journée, Jung rentrait chez lui, quand, brusquement, deux jeunes officiers, habillés en civil, sortirent du mess et lui administrèrent des coups de poing, puis disparurent dans l'obscurité. Tout d'abord il aurait voulu suivre les officiers et leur demander raison de leur conduite. Mais, déclare-t-il, cela n'aurait servi de rien. Dans ce malheureux pays on aurait vite appris qu'il est dangereux d'entrer en relations avec certains éléments, même quand on a raison. Tout en faisant allusion à l'affaire de Saverne, il se répandait en déductions haineuses, et terminait ainsi son article: « Qu'ils ne pensent pas surtout que nous soyons toujours prêts à accepter leur arrogance; nous ne sommes ni des automates, ni des emplâtres. Si tout à coup notre patience est à bout, si notre indignation déborde: Prenez garde! Marcus Allard. »

Le rapport ajoute que des recherches, ordonnées par le *Generalkommando* du XVe corps d'armée, démontrèrent qu'aucun officier ne s'était rendu coupable d'une pareille action. Jung persistait cependant dans ses affirmations. On lit dans le même rapport: « Sans pouvoir étayer ses déclarations sur la moindre base », Jung publia, dans le même journal, deux articles non moins irritants. L'un intitulé: « Nous maintiendrons » paraissait le 11 décembre 1913 et l'autre: « Le procureur impérial de Strasbourg s'occupe de notre agression » fut publié le 13 décembre 1913. Pour avoir diffamé, dans ces articles, les officiers du XVe corps d'armée, il fut condamné le 24 décembre 1913 par la chambre correctionnelle du tribunal régional de Strasbourg à une amende de 400 marks. Un ruban bleu-blanc-rouge traverse ces articles. L'auteur s'efforce de bien démontrer aux lecteurs, combien les représentants de la culture allemande font violence à la population alsacienne-lorraine. Jung préconise une résistance — du moins passive — contre ces prétendues violences.

« Il n'y a pas l'ombre d'un doute: un homme, aussi empressé à irriter les esprits, constituerait, en cas de guerre, un danger sérieux pour la sûreté de l'Empire. Il faut absolument couper court à ces intrigues. Combien la mise en *Schutzhaft* de M. Jung était justifiée, son séjour en Allemagne l'a bien prouvé. Dès le mois de septembre 1914, comme il résulte de ses lettres du 18 et du 29 septembre 1914 envoyées à sa mère, il s'est fait adresser des nouvelles en évitant le contrôle postal. Il recevait des lettres cachées dans des chaussettes. Dans une de ces lettres il demande à sa mère de lui faire parvenir des nouvelles cousues dans la doublure des vêtements qu'elle devait lui expédier. Le 4 février 1915, il envoya une lettre au professeur Benz. Il l'avait confiée à un prisonnier préventif mis en liberté qui devait la mettre à la poste. Dans cette même lettre, il parle d'un projet d'évasion et ajoute qu'il espère pouvoir aller en Suisse, muni de faux papiers. Pour avoir la certitude que M. Benz l'avait reçue, il le prie, de lui accuser réception dans sa prochaine lettre à l'aide d'un signe conventionnel.

« Malgré tout, M. Jung, eu égard à son état de santé, fut mis en liberté. On aurait pu supposer que Jung s'acquitterait par une conduite irréprochable du bénéfice durable d'une pareille mesure de faveur. Malgré l'engagement, qu'il avait été contraint de prendre, de soumettre désormais ses lettres à la censure, il évita le contrôle postal en correspondant avec le docteur Schlumberger. M. Schlumberger, originaire de Mulhouse, animé de sentiments francophiles, était alors médecin militaire à Roggenau, près d'Eberbach. La plupart de ses lettres ont pu échapper à la censure, mais le *Polizeiamt* à Darmstadt s'étonna finalement que Jung reçût tant de nouvelles de Schlumberger. Il en conclut que Jung lui adressait un grand nombre de lettres en cachette.

Dans un rapport du *Stellvertretendes Generalkommando* du XVIIIe corps d'armée (Ia n° 6422), le contenu germanophobe de quelques-unes des lettres de M. Schlumberger à Jung était rapporté verbalement. On en déduisit ce que Jung écrivait à son ami. Il existe un bout de papier envoyé par lui à M. Schlumberger et qui fut intercepté au mois de mai 1916. Ecrit en français, il contient les phrases suivantes:

« J'ai reçu ta chère lettre. Je t'ai écrit hier; mais comme la lettre passe par la censure, cela traînera plus longtemps. Il vaut mieux ne pas envoyer toutes les lettres en cachette, même s'il n'y a rien dedans qui puisse choquer les autorités. J'ai vu hier dans la forêt des prisonniers français. Les pauvres gars meurent de faim. Je leur ai dit de garder bon courage, que tout allait bien et je leur ai donné des cigarettes. L'occupation de la colline 304 est une blague. Ils n'ont jamais été au fort de Vaux. As-tu lu la note de Wilson? Extrêmement ironique . . . . . . pas mal du tout. Depuis trois mois je n'ai plus reçu de journaux. Ils interceptent tout. Chez moi, ils ont confisqué trois bouquins français qu'on m'avait envoyés de Genève. Aie courage! Tout passera: Fais le signe convenu afin que je puisse voir que tu as reçu ma lettre.

« On le voit, M. Jung après la mise en liberté, en date du 16 mai 1915, a tout d'abord manqué aux conditions fixées par le ministère impérial d'Alsace-Lorraine. Il a soustrait à différentes reprises sa correspondance à la censure.

« En second lieu, ses lettres donnent des preuves de ses sentiments germanophobes. Enfin, il est entré en relations avec des prisonniers français, et a essayé d'agir sur eux, dans une intention antiallemande, entre autres par des paroles comme: « Bon courage », « ça va bien », « boche », « blague » et propos plus graves encore, contraires à l'arrêté du *Stellvertretendes Generalkommando* du XVIIIe corps d'armée du 25 novembre 1914. (3 A n° 44100/3575). En outre, il a donné des cigarettes aux prisonniers français ».

M. Eugène Jung, notre malheureux confrère, incarcéré et expulsé pour son invincible patriotisme n'a pu revoir sa pauvre mère, dont il était le soutien. Il n'a pas assisté aux journées radieuses de novembre 1918. Loin de son pays qu'il chérissait et où il avait servi l'idée française, il mourut, victime d'un traitement inique. Rendons hommage à son souvenir tout en flétrissant les responsables de sa mort !

[cas Sayer]

Nous tenons à parler, avant de terminer ce chapitre, d'une héroïne alsacienne qui, elle aussi, n'a pas vu se réaliser son vœu suprême, la rentrée des troupes françaises en Alsace, qu'elle avait saluées en août 1914. Il s'agit de Mlle Marie Sayer, née le 10 juillet 1843 à Labroque.

D'après un rapport du *Stellvertretendes Kommando* du XVe corps d'armée (n° 137059/C.156 au 25 juin 1918), Mlle Sayer est une « Française fanatique ». « Quand, en 1914, les troupes françaises entrèrent à Schirmeck, ajoute ce rapport, elle pavoisa sa maison aux couleurs de la France. Elle marcha à la rencontre des poilus, en s'écriant: « Nous avons langui pendant 44 ans, nous voilà sauvés ». Quant au pavoisement, elle déclara plus tard que ç'avait été pour elle un honneur dont elle ne se serait privée à aucun prix et qu'elle sortirait ses drapeaux si les Français revenaient. Elle se vantait de posséder une liste des habitants germanophiles et elle ajoutait qu'elle la donnerait aux Français, quand ils reviendraient.

« Un aumônier militaire allemand avait parlé, dans un sermon prêché dans l'église de Labroque, de *l'ennemi qui avait été ici;* Mlle Sayer disait que ce n'était pas l'ennemi, mais *l'ami.* Un prêtre, continuait-t-elle, qui prêche pour l'empire allemand, ne mérite pas de vivre. »

En date du 6 novembre 1914, Mlle Sayer fut condamnée à trois mois de prison par la chambre correctionnelle de Saverne. Elle fut expulsée plus tard du territoire d'Alsace-Lorraine. On ne put obtenir son retour en Alsace. « Vu ses sentiments francophiles très prononcés et l'influence qu'elle exerce sur son entourage, il serait à craindre qu'elle ne favorisât, derrière le front allemand, des menées susceptibles de causer un grave préjudice aux opérations militaires. »

Mlle Sayer ne voulut jamais quitter son petit pays. Elle préféra rester en *Schutzhaft* à Strasbourg, plutôt que de traverser le Rhin pour y demeurer en séjour forcé.

Tombée malade en prison, elle ne désirait que vivre ses derniers jours en Alsace. Guidée par des pressentiments, elle refusa longtemps de se rendre à Baden-Baden qui lui était assigné comme *Zwangsaufenthalt*. Quand enfin elle dut céder à la force, elle ne put se procurer ni vêtements, ni argent. Privée de tout, elle mourut en pays allemand au milieu de ceux qu'elle détestait par dessus tout.

« Depuis fin mars, écrit-elle dans une lettre du 27 avril adressée au gouverneur de la forteresse de Strasbourg, j'ai été très malade. Je ne veux pas d'avocat d'office. Je préfère choisir un défenseur moi-même. J'ai besoin d'argent. Or, je ne puis m'en procurer que chez moi, car je suis seule et sans famille en Alsace. En raison de mon état de santé, il faut que je prenne une gouvernante pour me soigner. Agée de 74 ans et ayant subi une peine de trois mois de prison, qui a eu pour conséquence d'aggraver une maladie dont je souffrais depuis longtemps, je ne désire qu'une chose: rentrer chez moi et y mourir. Que je sois restée fidèle à ma patrie natale, la chose est naturelle. Je n'ai pourtant jamais agi contre l'Allemagne. J'ose exprimer, M. le gouverneur, l'espoir que ma demande sera agréée et vous en remercie d'avance. »

La demande de Mlle Sayer fut rejetée. Avec un raffinement féroce, les autorités allemandes s'obstinèrent à la laisser en exil pour qu'elle mourût *en pays ennemi!* Honorons son souvenir!

Toutes les protestations et les requêtes faites par les personnes incarcérées ne servaient de rien. Ces quelques exemples le démontrent à l'évidence. Le 29 août 1914 un *Landgerichtsrat* d'Oberndorf (signature illisible) répondait à la réclamation d'un détenu:

« Nous accordons aux prisonniers, écrit-il au chef de la police militaire de Strasbourg, les avantages compatibles avec nos prescriptions. Mais les détenus sont très prétentieux. L'un veut du chocolat, un second aimerait bien avoir des harengs, d'autres réclament des sardines, du jambon, des bonbons, etc., etc. (sans parler du saucisson et des fruits qui leur sont accordés). Bien entendu, je ne puis tolérer de pareilles exigences. Le gardien de la prison cumule cette fonction et celle de huissier au tribunal de baillage et au *Königliches Oberamt.* Il ne peut pas être le domestique de Messieurs les prisonniers.

Ils sont traités d'une manière absolument humaine. Ils reçoivent le maximum. Mais qu'ils jouent le rôle de seigneurs, voilà qui est inadmissible. »

Les incarcérés se plaignaient des mauvais traitements. Le conseiller près le tribunal régional répondait en leur reprochant leur prétention à être traités comme des seigneurs. En réalité, on les considérait comme des forçats. En vain la direction de la prison de district de Strasbourg, dans une lettre du 21 mars 1915 attire-t-elle l'attention des autorités sur la possibilité d'employer les détenus à des travaux agricoles. M. l'abbé Hoch, directeur de la prison écrit: « Vu le manque d'ouvriers, causé par la guerre et la nécessité de tirer tout le parti possible du sol à notre disposition, et ce, conformément à un arrêté du ministère impérial d'Alsace-Lorraine du 11 mars, les prisonniers devraient être, plus que jamais, occupés aux travaux des champs. Je vous prie de bien vouloir me répondre si les *Schutzhaftgefangene* volontaires pourraient être employés à ces travaux ».

Le 26 mars 1915 le chef de la police militaire donne une réponse négative.

Pendant que de l'autre côté du Rhin de nombreux pères de famille se morfondaient dans leurs cellules, leurs femmes et leurs enfants, restés en Alsace, étaient traités avec la dernière cruauté. La vieille mère n'est pas autorisée à correspondre avec son fils chéri. Elle ne reçoit guère de lettres, car la censure intercepte tout. Et si dans des provinces lointaines son enfant succombe, elle n'a pas le droit d'assister à l'enterrement. Un mur infranchissable a été élevé entre les prisonniers préventifs et leurs parents d'Alsace.

[cas Payot]

Dans une lettre du 20 septembre 1914, à son mari, Henri Payot, en *Schutzhaft* à Schwäbisch-Gmuend (Wurtemberg), Mme Payot décrit la manière dont elle a été reçue par le commandant de cantonnement.

« Ayant attendu pendant une demi-heure, la porte de la Kommandantur s'ouvrit enfin et le sabre en main, le commandant s'écria: « Qu'est-ce que vous faites là (le « vous » bien accentué) ? Vous embêtez mon personnel ! Filez ! » Toute consternée, je pus à peine balbutier que c'était sur son ordre que je me trouvais là. En m'approchant de la porte, j'entendis vaguement demander pardon. En effet, un soldat me suivait, m'apportant les excuses du lieutenant-colonel, ajoutant que je devais attendre dans le corridor On ne pensa plus à moi. Ne pouvant plus me tenir debout, je m'assis sur une chaise. Au bout d'un quart d'heure environ, complètement remise, je retournai questionner le soldat. Je le priai de demander au commandant de bien vouloir me faire savoir par écrit l'heure d'audience. Le lendemain vers 9 heures, je retournai à la Kommandantur. Il y avait une foule de monde.

« Après y avoir passé quelques heures, on me fit entrer. Le résultat obtenu est nul. Il est honteux d'être reçu d'une pareille manière, et cependant on m'avait dit auparavant que les femmes des incarcérés seraient reçues poliment. »

La lettre a été interceptée. Pourquoi? Parce qu'elle contenait la vérité, cette vérité, insupportable à leurs yeux. Il est défendu au mari de faire un récit véridique de sa vie de prison. Les femmes n'ont pas le droit de se plaindre des mesures rigoureuses prises contre elle.

[cas Saintmarie]

Un fait nous a étonné tout d'abord. La verve alsacienne ne s'est pas éteinte au milieu des tortures et des traitements sauvages. Il subsistait en chacun un fond de cette ironie si caractéristique du peuple alsacien. Cette seule lettre écrite par M. Louis Saintmarie de Rixheim incarcéré à Stuttgart en est un bon exemple.

« Vous vous souvenez peut-être encore, écrit-il le 6 août 1915, que le 3 août 1914 je vous ai adressé une carte où je vous parlais de mon départ pour Sélestat afin d' y rendre visite à mon beau-frère. Jeudi, 6 août, je fis une visite à un ami de Beblenheim et je rentrai à Sélestat par le train de 2 heures. En sortant de la gare, j'aperçus un lieutenant et un brigadier-chef de la gendarmerie. Je voulus passer quand le policier (que je ne connaissais pas et qui ne pouvait me connaître que par mon « Signalemang » ou peut-être aussi par ma « Fotographie ») s'avança vers moi et me dit: « M. Saintmarie, j'ai l'ordre de vous arrêter, suivez-moi! » Me sachant la conscience tranquille, cette aventure ne m'inquiétait pas le moins du monde. Je ne demandai ni pourquoi, ni sur quel ordre on venait de me « harponner ». Je répondis simplement « A-a-a-h »? et nous gagnâmes la ville. J'était flanqué à droite du gendarme, à gauche du lieutenant (un honneur que je n'avais jamais eu jusque là). Sans prononcer une seule parole, je marchai tranquillement étant d'avis (naïveté divine!) qu'on me conduirait devant une autorité quelconque, civile ou militaire, qui me f.... dehors dès que mon innocence serait établie. Ah! bien oui! au lieu de cela, on me présenta au gardien de la prison de bailliage; celui-ci, après avoir rapidement tourné la clef, m'enferma, me «marina» dans une cellule qui portait le n° 9, et que je n'oublierai jamais. J'y restai trois jours durant, complètement isolé. Mon beau-frère, ma sœur, immédiatement informés par la rumeur publique accoururent pour savoir la raison de mon incarcération et aussi pour m'apporter à manger. Je ne pus les voir ni toucher les vivres. J'ai littéralement souffert de la faim.

«Le 9 août, nous fûmes, au nombre de vingt-trois personnes, transportés à Strasbourg. Nous étions accompagnés de soldats, baïonnette au canon. On nous enferma dans la prison militaire de la forteresse, où nous n'étions pas mal; nous y avions un bon lit et étions bien nourris. MM. les sous-officiers qui nous surveillaient nous traitaient très convenablement. Cela ne dura pas longtemps. Le 11 août, on nous transféra à la prison départementale où l'on nous considéra comme de vrais criminels. Nous étions traités comme des forçats. Heureusement nous n'y restâmes qu'un jour et une nuit et demie; le 13 août, vers 2 heures du matin, on nous intima l'ordre de nous lever. Nous attendîmes dans la cour de la prison jusqu'à quatre heures.

« Ensuite une colonne de 70 personnes se mit en branle. Toutes les professions étaient représentées: maires, domestiques, députés au *Landtag*, officiers français en retraite surpris au moment de faire un voyage en Suisse, propriétaires, artistes, journalistes, et autres. Vingt minutes plus tard nous étions à la gare; vers 6 heures, un train, véritable prison roulante, quitta Strasbourg, C'était un train de marchandises. A 8 heures du soir nous arrivions à Stuttgart. Les journaux badois et wurtembergeois annonçaient chaque jour les nouvelles les plus scandaleuses et les plus infâmes sur les Alsaciens. On les accusait d'avoir tiré sur les soldats allemands, coupé les doigts des morts pour voler les alliances, crevé les yeux des blessés, tranché les nez et les oreilles, incendié les maisons où logeaient des soldats qui auraient trouvé une mort terrible, etc., etc. Etant donné ces atrocités mises sur notre compte, il n'était nullement étonnant que les différentes classes de la population (et non seulement les petites), l'imagination échauffée jusqu'à l'ébullition, vissent en nous des traîtres, des monstres, des meurtriers, des bandits et des incendiaires, Je veux vous épargner le récit de tout ce que nous vîmes pendant le voyage, notamment pendant les différents arrêts dans les gares. Je ne veux vous dire qu'une seule chose, c'est que nos deux wagons à différentes reprises furent sur le point d'être pris d'assaut.

« Si nous n'avions pas été escortés, si les wagons n'avaient pas été bien fermés, on nous aurait certainement occis. Arrivés à Stuttgart, tableau final! On nous fit traverser la ville à pied. Plus de 2000 personnes nous escortaient, couraient à nos côtés ou derrière nous, nous criant toutes les injures possibles. Tous rêvaient d'assister au spectacle de notre exécution, puisqu'il était convenu que nous serions fusillés.

« Dans votre carte, vous me dites votre désir d'apprendre plus tard la raison de mon incarcération. Pourquoi? *« O je! Du juelicher jermanenjolt »*. Il ne faut pas poser cette question. Jusqu'à aujourd'hui, personne ne me l'a dite. Je n'ai pas été interrogé une seule fois.

« A la gare de Stuttgart on nous divisa en trois groupes. Le mien fut transféré à la prison du district, les autres dans les cinq différentes prisons de la ville. Mes compagnons? un Badois habitant l'Alsace et huit Alsaciens de la vallée de la Bruche. L'un d'eux tomba très malade dès son arrivée à Stuttgart. Le 28 octobre, on le transféra à l'hôpital et le 16 novembre à Strasbourg, où il mourut le 5 décembre. Tous étaient aussi coupables que moi.

« Il y a cinq cellules ici: deux grandes pour quatre hommes chacune, une pour deux personnes, et deux pour une seule. Les sept autres malfaiteurs habitent les grandes cellules. Quant à moi, j'habite l'une des deux petites. Nous avons passé, le premier mois, enfermés sous clef, toute la journée.

« La *Sicherung* se compose de deux portes. Dans l'une d'elles on a percé un judas pour la gamelle. Le mécanisme de la fermeture rappelle celui du *Juliusturm* de Spandau. En plus de deux verrous il y a au milieu le cadenas principal, large comme une cartouchière d'infanterie de 1813. Vous voyez donc que je n'ai pas besoin d'avoir peur que le diable vienne me chercher.

«Très souvent je regarde le ciel, car, au plafond, il y a une lucarne; elle est solidement grillagée pour me préserver des fantômes célestes mal inspirés. Comme je l'ai déjà indiqué, nous avons été, pendant le premier mois, tenus au secret. Depuis, nous ne le sommes plus que la nuit. Pendant la journée, la porte reste ouverte et nous pouvons nous entretenir ensemble, ce qui facilite beaucoup le séjour dans ce *Konservatorium,* ou lieu de conserve. Je ne profite guère de cet agrément. Tandis que mes sept compagnons de misère, accroupis dans une des cellules, jouent aux cartes, raccommodent leurs habits, ou prédisent l'heure de leur mise en liberté (le Badois prend part à leurs entretiens, grâce à deux Alsaciens qui parlent l'allemand assez couramment), je reste dans ma « coque ». Il est impossible de mener une conversation tant soit peu intelligente avec mes compagnons. Les journées passent vite, mais les nuits me torturent. A 8 heures au plus tard je prends la position horizontale. Je me réveille vers 1 heure ou 2 heures du matin et je ne puis plus me rendormir. On se lève maintenant à 6 heures et demie, au mois de décembre à 7 heures seulement.

« Au cours des deux premiers mois d'emprisonnement, j'ai adressé trois lettres au *Generalkommando* du XVe corps d'armée, à Strasbourg, pour prouver mon innocence. Je réclamais chaque fois mon renvoi devant un conseil de guerre et, si cela n'était possible, du moins, ma libération ou mon transfert à la prison de Mulhouse. Ces trois demandes restées sans résultats, jenvoyai, le 23 janvier 1915, une quatrième avec prière de bien vouloir m'accorder la circulation libre dans la ville de Stuttgart. Le 17 mars, on me proposa de changer ma prison contre un séjour dans une des forteresses au nord du Main (Mayence excepté). Les papiers étaient prêts; un convoyeur civil était désigné pour me conduire à l'endroit choisi, Coblence, Cologne, Wesel, Magdebourg, Spandau, Danzig, Königsberg, Thorn et le reste. Enfermé dans un fort, peut-être tout seul, j'aurais pu circuler... librement dans une cour, entourée de murailles. C'était tomber de Charybde en Scylla. Sans réfléchir longtemps, je déclarai que si l'on ne me permettait pas de retourner chez mon beau-frère à Sélestat, je préférais demeurer à Stuttgart.

« Ainsi rien n'a changé. J'espère que cela ne durera plus longtemps et je pense être rentré à Noël au plus tard....... Je suis bien curieux de savoir ce que j'obtiendrai pour cette *Kriegsleistung*. J'ai dès maintenant, de jolis états de service.

« Si, au commencement de mon épître, j'ai désigné mon lieu de séjour sous le nom de « Villa Sans-Souci », je n'exagérais pas. Je n'ai pas de soucis, en effet, du moins au point de vue physique. J'ai appris ici la vérité du proverbe français: « A quelque chose, malheur est bon ». Oui, effectivement, j'aime mieux être ici que chez moi. D'abord, je ne suis pas maltraité par ma femme sept ou huit fois par semaine, et en second lieu, je suis devenu une petite célébrité depuis mon déplacement dans cette belle résidence. Dommage que le bon Molière ne vive plus! il eût trouvé ici matière à une superbe pièce. Oui! je suis *frässig wie a Raabtier*. Pour entretenir mon état de santé, les batteries de Rixheim et de Sélestat et des alliés de différentes parties de l'Alsace m'envoient des « bombes » remplies de jambons, de poulets rôtis, de brochets, de truites à la vinaigrette, de fromage de Brie, de pâtés de foie gras et à peu près 25 ou 39 autres articles. Il y a aussi, dans le lot, des saucisses et même des saucissons de Lyon! Quel manque de patriotisme! Cela frise la haute-trahison!

« Dans mon indignation patriotique, je me suis jeté sur ces produits et je les ai dévorés. Ne pouvant pas résister plus longtemps à un pareil «feu croisé», je demandai pardon aux alliés et je me contentai des colis de Rixheim et de Sélestat.

« Puisque Rixheim est fermé à la circulation des colis postaux, mon beau-frère seul se charge de m'envoyer les vivres nécessaires. Il m'expédie tous les quinze jours un panier, assez peu semblable à celui dont un corbeau gratifia le prophète Elie quand il vivait au désert. Mon cher *Obervorsteher,* en lisant votre adresse: *Kaiserlicher Obervorsteher* a. D. (Danube) je n'ai pu retenir un sourire, car je n'ai jamais été *Ober.* Ce titre, dans le temps, n'existait pas. Je ne suis même pas devenu *Kaiserlich* pendant mes 36 ans de service. Heureusement l'ambition ne compte pas au nombre de mes défauts. Si, à tout prix, vous voulez me pourvoir d'un titre, qu'il ne soit pas trop conséquent. Correspondant militaire serait trop. Appelez-moi simplement *Sommerfrischler* sur les bords du Neckar. Cela répondrait un peu plus à la vérité......... »

A lire cette lettre écrite en prison, on sera tenté de s'écrier: mais ce Monsieur menait une vie superbe! Il préférait sûrement la prison à son chez lui! Tout ce qu'on a raconté sur le martyre des détenus politiques était donc exagéré. A cela je répondrai seulement ceci: Celui qui a écrit cette lettre, celui qui parle des agréments de sa cellule, est mort misérablement en prison des suites des mauvais traitements que lui ont infligés les autorités allemandes. Cette lettre ne prouve qu'une chose: c'est que nos compatriotes gardaient, malgré tout, leur tour d'esprit ironique.

CHAPITRE III

LE SÉJOUR FORCÉ

Intervention timide des autorités civiles Transformation de la *Schutzhaft* en séjour forcé — La vie en séjour forcé

Deux choses se retrouvent constamment, au cours de cette période de régime arbitraire. En premier lieu, on faisait une différence entre les prisonniers préventifs alsaciens et ceux d'Outre-Rhin: on infligeait à nos compatriotes un traitement exceptionnellement dur. En second lieu, — et il faut y insister. —, les autorités civiles aussi bien que les bureaux du ministère de la guerre cherchaient à remédier à cet état de choses, mais ils se heurtaient aux grands chefs militaires. Dans les bureaux berlinois, on prévoyait la tempête qui éclaterait un beau jour au *Reichstag*. L'on redoutait l'effet dans les pays neutres d'une interpellation sur ce sujet scabreux. L'Administration traitait la question au grand quartier général avec mille précautions et opposait de timides critiques.

Dès le 11 décembre 1914, dans une circulaire

secrète (n° 3938/14 g. A. L.), le ministère « demande humblement » de prendre en considération la mise en liberté éventuelle « des Allemands incarcérés pour avoir mis en danger les intérêts militaires ». Aucune arrestation, écrit-on, ne doit être maintenue si elle n'est pas absolument nécessaire. Souvent les autorités locales manquent de renseignements sur les circonstances qui ont accompagné l'arrestation des suspects qui leur sont envoyés. L'ordre d'expulsion portant la signature de la personne suspecte, doit donc préciser clairement le motif de la sanction. Un interrogatoire des inculpés « pourra » contribuer d'une manière essentielle à éviter des rigueurs superflues.

Dans une circulaire du ministère de l'intérieur, n° 6952, adressée, le 7 novembre 1916, aux présidents de gouvernement et aux directeurs de police, on relève la même timidité. Le *Reichstag* s'était déjà prononcé et M. Helfferich avait perdu la partie devant les représentants du peuple. Les autorités n'osaient pas encore aborder de front les chefs militaires. En termes évasifs, le ministère détermine le traitement des prisonniers préventifs, mais, remarquez-le bien, seulement des détenus *allemands*. Nos compatriotes étaient provisoirement négligés; ils continueront de.... bénéficier d'un régime d'exception. On lisait entre autres ceci:

« Tant que la *Schutzhaft* ordonnée par les chefs militaires pendant l'état de siège est appliquée par les autorités policières, je vous invite, *si des ordonnances contraires de la part des chefs militaires ne s'y opposent pas,* à observer ce qui suit:

« La prison préventive n'est pas une peine infamante. Elle doit tout simplement garantir la sûreté de l'Empire et la sécurité des personnes incarcérées en empêchant tout rapport entre elles et le monde extérieur. Le traitement doit être basé sur l'estime due à la personne de l'incarcéré. Il faut éviter tout amoindrissement de sa volonté personnelle, toute violation de sa dignité extérieure, bref tout ce qui pourrait blesser l'honneur et le renom du prisonnier.

En conséquence, je décide:

1° Il faut surtout chercher à obtenir une distinction complète entre les détenus politiques et les criminels.

2° Le transfert à la prison doit se faire autant que possible sans ostentation et avec certains égards.

Il faut éviter le transport par voitures cellulaires. On fera bien de prendre des fiacres.

3° Il ne suffit pas que les cellules n'offrent pas matière à critique au point de vue sanitaire; il faut qu'elles suffisent autant que possible aux revendications justifiées des incarcérés en ce qui concerne la lumière, l'air, le chauffage et l'ameublement.

4° Si les prisonniers le désirent, il faut leur reconnaître le droit de se ravitailler eux-mêmes ou de se procurer à leur frais les vivres supplémentaires dont ils ont besoin.

5° Autant que possible les prisonniers doivent être pourvus de lecture.

6° Une promenade quotidienne en dehors de la prison doit être autorisée, si la chose est tant soit peu possible. En cas de maladie, on veillera à ce que le malade soit soigné ou transféré dans un hôpital.

Si les incarcérés le désirent ou, dans des circonstances sérieuses, même s'ils ne le désirent pas, les parents devront être informés.

7° Quant à la visite de parents ou d'avocats, et en ce qui concerne les permissions, le chef militaire est compétent.

8° Il faut dresser une liste spéciale des personnes incarcérées ou expulsées où figureront le nom, la profession, l'âge, le domicile du prisonnier, la raison de sa mise en prison préventive, la date de l'incarcération et celle de la mise en liberté. Elle sera présentée le 10 de chaque mois au *Landrat* ou au directeur de police qui en référera au président du gouvernement. »

Des locutions comme « s'il est possible », « autant que possible » ou encore « les chefs militaires sont compétents» montrent bien que la question n'était nullement tranchée. Cette circulaire ne concernait pas d'ailleurs le territoire d'Alsace-Lorraine. Chez nous, les chefs militaires étaient omnipotents! Il était ridicule de chercher à améliorer le traitement des prisonniers préventifs, une fois que le système du séjour forcé eût succédé à la *Schutzhaft*. Au moment où cette circulaire fut lancée, il n'y avait guère plus d'une dizaine de personnes incarcérées. Au lieu de soulager le sort de nos compatriotes vivant en « séjour forcé », on s'occupait de réglementer le régime de la *Schutzhaft* qui n'existait plus et qui venait d'être remplacé par *le séjour forcé*, mesure aussi illégale que l'autre.

Dès le 30 septembre 1914, le ministère de la guerre dans un ordre secret (n° 3387/14 g. A. I.) avait décidé:

« Le chancelier, d'accord avec le *Statthalter* d'Alsace-Lorraine et le chef de l'Etat-Major de l'armée du front d'Alsace, propose de mettre en liberté les suspects d'Alsace-Lorraine en leur désignant un lieu de séjour forcé à l'intérieur, où ils seront surveillés étroitement, à moins qu'il n'existe des raisons spéciales pour les garder en prison, notamment le fait qu'ils pourraient menacer la sûreté de l'Empire. Leurs lettres seront soumises à la censure et leur retour en Alsace-Lorraine rendu impossible pendant toute la durée de la guerre.

« Si des arrestations sont nécessaires dans l'intérêt de la patrie et des opérations militaires, il ne serait pourtant pas indiqué de mettre les personnes incarcérées en raison de leurs simples sentiments, au même régime que les criminels et de leur appliquer le règlement strict des prisons. Le ministère de la guerre adhère à ces propositions, demande instamment de contrôler au plus vite les motifs de chaque arrestation et d'examiner d'une manière approfondie si la mise en liberté peut être prise en considération. Nous vous prions d'accorder aux intéressés, dans la mesure du possible, les faveurs désignées plus haut. Une liste des suspects arrêtés doit être fournie. Elle portera le nom des auteurs et le motif des arrestations.

« En cas de mise en liberté, nous vous prions d'indiquer la durée de l'incarcération. »

Ce document n'est en somme qu'un projet. On ne fait que prendre en considération la transformation de la *Schutzhaft* en *Zwangsaufenthalt.* Personne sans doute, même pas le chancelier de l'Empire ou le ministre de la guerre, n'eût osé prescrire la mise en liberté des suspects et contredire les chefs militaires.

Ce n'est qu'une année plus tard qu'on reviendra à la charge. Mais on ne sort pas des tâtonnements.

« En ce qui concerne les Alsaciens-Lorrains suspects, dit une circulaire secrète du ministère de la guerre (n° 3055/15 g. A. I. en date du 4 sept. 1915), des difficultés ont surgi dans ces derniers temps. Nous ne pouvons pas tolérer qu'on fasse état de l'arrêté du ministère de la guerre du 9 novembre 1914, qui intéresse seulement les étrangers.

« Les chefs militaires compétents d'Alsace-Lorraine devront tout d'abord, et avec le consentement du ministère impérial à Strasbourg décider si les personnes suspectes peuvent rester en *Schutzhaft* ou si leur relégation à l'intérieur de l'Allemagne doit être envisagée ou leur mise en liberté accordée.

« Dans la plupart des cas, on ne peut rien reprocher de précis aux suspects ; leur éloignement du territoire des opérations militaires s'imposait pour des raisons politiques et militaires. On fera bien d'accorder souvent à ces personnages une certaine liberté de mouvement et de les laisser choisir le lieu de leur séjour.

« Avec le système du séjour forcé, les chefs militaires compétents de la région deviennent responsables des personnalités suspectes et des mesures de précaution prises envers elles.

« Il faudrait veiller à ce que les *Stellvertretende Generalkomandos* précisent aux chefs militaires d'Alsace-Lorraine les localités qui ne peuvent pas figurer sur la liste des lieux de séjour forcé des suspects et où un nombre limité de suspects seulement peut être envoyé. Il faudrait alors fixer son choix sur d'autres localités pour éviter des retards. Dans la zone soumise à leurs ordres, les *Stellvertretende Generalkommandos* sont libres d'assigner aux suspects un autre endroit comme résidence forcée.

« Au reste il faut toujours songer à atténuer ou à éviter des mesures rigoureuses pouvant nuire à la santé des suspects, à leur situation matérielle et aux conditions d'existence de leur famille. Les chefs militaires compétents d'Alsace-Lorraine sont invités à examiner à nouveau quelles atténuations ils pourront apporter. »

Un arrêté du ministère de la guerre n° 3209/16 g. A. I. du 17 juin 1916 est plus affirmatif encore. Cet arrêté dit que le Statthalter d'Alsace-Lorraine a estimé, qu'en raison de la durée de la guerre, le moment était venu de mettre en liberté les Alsaciens-Lorrains se trouvant encore en *Schutzhaft* à moins qu'ils n'aient été condamnés pour trahison de secrets militaires ou qu'ils ne soient reconnus comme extrêmement dangereux. En cas de mise en liberté il faut leur assigner une résidence forcée. Un arrêté du ministère de la guerre enfin qui porte le n° 1487/6.16 A. I. du 22 juillet 1916 précise: « A différentes reprises nous avons fait ressortir qu'il ne faut infliger la *Schutzhaft* que lorsque l'intérêt de la sûreté publique l'exige. Quant au reste, il faut envisager la mise en liberté ou le transfert des suspects dans un camp de prisonniers ou dans une localité de l'intérieur, où ils seront surveillés par la police.

« Il ressort des listes présentées jusqu'ici que le nombre des prisonniers préventifs est encore trop élevé, alors qu'ailleurs on a réussi à réduire leur nombre dans une mesure considérable. Ne peuvent rester en *Schutzhaft* que ceux qui constituent un réel danger pour la sûreté publique. On doit procurer aux personnes incarcérées l'occasion d'établir leur innocence en les interrogeant. Toutes les rigueurs inutiles doivent être écartées eu égard à la situation des inculpés et aux réclamations qu'ils formuleront après la guerre. D'autre part, il faut se rappeler que l'emploi de mesures trop strictes est de nature à influencer défavorablement l'opinion publique. En tout cas la *Schutzhaft* ne doit pas servir de sanction à des délits contre les arrêtés existants. Une telle mesure serait illégale. »

Ce n'est donc qu'après deux ans de guerre et quand les autorités se heurtent à l'opinion publique, que l'on avoue l'illégalité de la procédure. On n'accorde pas le retour des suspects au pays natal. Que fait-on ? La prison préventive est transformée en *séjour forcé*. Et ce n'est qu'une illégalité de plus.

La question du *séjour forcé* avait été réglée dès 1915 par différents arrêtés des chefs militaires. Les arrêtés ne concernaient alors que les expulsés politiques. Je n'en citerai qu'un seul émanant de la section d'armée Gaede n° 24206 en date du 16 septembre 1915 :

« Aux personnes dont l'éloignement de la zone des opérations militaires a été ordonné, on désignera un lieu de résidence à l'intérieur de l'Allemagne. *Autant que possible,* les désirs des expulsés seront pris en considération.

« La direction du cercle s'assurera d'avance le consentement des *Stellvertretende Generalkommandos* dans la région desquelles le séjour forcé est proposé.

« L'expulsé peut indiquer plusieurs endroits et

le *Stellvertretende Generalkommando* choisira celui qui lui convient. Le séjour dans de grandes villes ne peut être accordé qu'à titre exceptionnel et pour des raisons particulières. C'est le séjour dans des villages ou de petites villes qui est de règle. Il s'impose pour les personnes, dont la correspondance exige une stricte surveillance.

« Avant de procéder à l'expulsion, les *Stellvertretende Generalkommandos* intéressés doivent être informés des raisons qui ont amené l'expulsion et on doit les aviser si la censure sera exercée d'une manière absolue ou restreinte. Des questions au sujet du traitement et des avantages à accorder peuvent être posées.

« Le *Generalkommando* se prononce sur la surveillance de la correspondance et le traitement des expulsés. Il est libre de changer leur lieu de séjour.

« Le retour en Alsace-Lorraine ou le transfert sur le territoire d'un autre corps d'armée nécessite mon consentement préalable. »

La transformation de la *Schutzhaft* en *Zwangsaufenthalt* avait été décidée pour prévenir les attaques portées aux autorités par le parlement d'Empire. Manœuvre habile puisqu'en définitive elle était destinée à chloroformer l'opinion publique. En réalité elle ne changeait absolument rien au *statu quo*.

Le traitement exceptionnel infligé à nos malheureux compatriotes subsistait. On peut même affirmer que beaucoup d'entre eux eussent préféré rester en *Schutzhaft*. Ils y étaient traités comme des criminels, c'est vrai; mais ils n'étaient pas à la merci d'une population hostile. Le séjour forcé augmentait les tortures morales des suspects politiques, les astreignait à vivre parmi une population forcément antipathique.

Bien souvent, les autorités allemandes, effrayées par les rapports relatifs aux suspects et rédigés par les soins des militaires, refusaient catégoriquement de les recevoir. On redoutait ces « dangereux personnages » comme le feu. On ne voulait pas d'eux, et ce n'est qu'après de longs pourparlers qu'on se décidait à les recevoir.

[cas Bourson]

Dans une lettre du 7 juin 1916, le ministère impérial d'Alsace-Lorraine signalait à la direction de police que M. Paul Bourson, détenu à la prison de Cannstatt, avait demandé son transfert à l'asile de Bischwiller où se trouvaient de nombreux suspects politiques. En cas de refus, M. Bourson exprimait le désir de rejoindre M. le docteur M. Schaeffer, de Strasbourg, séjournant à Goslar.

Le directeur de police, M. von Lautz, répondit: « Bourson est animé d'une haine ardente contre les Allemands. Si sa mise en liberté est prise en considération, je vous conseille de lui assigner un lieu de séjour forcé à l'intérieur de l'Allemagne où il devra être surveillé étroitement et où il n'y aura pas d'Alsaciens-Lorrains ». En date du 13 juillet 1916 le ministère impérial ordonnait de mettre M. Bourson en liberté et de l'envoyer en résidence forcée dans une petite ville ou un village de la zone du IXe corps d'armée (Lubeck).

A la date du 22 juillet 1916 le corps d'armée en question avisait le gouvernement d'Eutin de prendre M. Bourson en surveillance.

Le 2 août 1916 les autorités d'Eutin répondaient: «Le gouvernement prie le *Generalkommando* de retirer sa décision. Les villes de la principauté de Lubeck ne peuvent pas entrer en considération, vu le grand nombres d'étrangers qui y séjournent et la proximité des villes de Lubeck et de Kiel. Ahrenbeck, une petite ville de 1500 habitants, ne peut davantage être prise en considération: tout près de la ville, il y a des prisonniers français travaillant dans les fermes; Bourson pourrait se mettre en rapport avec eux. Les bains de mer de la Baltique ne peuvent pas non plus faire l'affaire: ils sont soumis à des limitations de séjour et vu le grand nombre de baigneurs qui s'y trouvent, la surveillance d'une seule personne serait trop difficile. Quant aux villages, il y a partout des prisonniers français, occupés aux travaux des champs. Nous croyons donc que ces localités ne se prêtent pas à recevoir un suspect. Nous vous prions de bien vouloir fixer à Bourson un endroit en dehors de notre zone ».

Après de multiples investigations, on décida d'envoyer, le 16 septembre 1916, notre compatriote à Feldberg, village du Mecklembourg. Bien entendu, la surveillance était plus facile dans ces petites localités, où chaque habitant dûment prévenu par les autorités du lieu — se transformait en policier bénévole.

[cas Sommereisen]

Le mémoire du curé Sommereisen de Kiffis (Haut-Rhin) démontre nettement que le traitement exceptionnel, infligé à nos compatriotes, continuait de plus belle! Ouvrons son carnet de notes:

« *17 juin 1915.* On m'apporte la nouvelle de ma mise en liberté. J'ai demandé Fulde comme lieu de séjour. On me le refuse. J'ai dressé une nouvelle liste où je citais Giessen, Marbourg, Limbourg, Weilbourg, Braunfels. Enfin, pour se décider en faveur de Braunfels (1600 habitants) il a fallu deux grandes semaines.

« *4 août 1915.* A 8 heures du matin, je suis enfin en liberté! mais j'ai peur.

« *5 août 1915.* La mairie de Braunfels notifie ce que suit: «Il ne doit pas quitter le village». Le maire se livre à des réflexions bizarres. Il est très étonné que j'aie choisi Braunfels comme lieu de séjour! J'ai demandé de pouvoir me rendre une ou deux fois par mois à Giessen, Wetzlar ou Limbourg (évêchés) pour remplir mes devoirs de prêtre. Refusé. Pendant plusieurs mois je n'ai pas vu de coiffeur, j'avais l'air dun sauvage! Il fallait vivre; j'ai donné des leçons de mathématiques, de chimie et de physique à une jeune fille. Le corps d'armée l'ayant appris, a menacé de me faire arrêter. Pendant mon séjour en prison, je correspondais toujours avec ma mère qui demeurait en Suisse. Maintenant cette correspondance m'est formellement défendue. Ce n'est que vers la fin de septembre que j'ai pu faire écrire à ma mère. Je la fais venir chez moi.

« *22 octobre 1915*. J'adresse une demande au corps d'armée à Francfort pour pouvoir aller à la rencontre de ma mère âgée de 73 ans et ne sachant pas un mot d'allemand. Pas de réponse. Peu de jours après j'adresse une nouvelle demande au corps d'armée pour obtenir le permis de séjour de ma mère. Pas de réponse non plus.

« *6 novembre 1915*. Le matin arrive un télégramme de ma mère, daté de Francfort et disant: « J'arriverai demain matin ». Je me suis vite adressé au *Landrat*. Sans cela ma mère aurait été arrêtée.

« *23 octobre au 10 décembre 1915*. Demandes réitérées au corps d'armée pour pouvoir donner des leçons particulières afin d'assurer l'existence matérielle de ma mère. En vain.

« *6 novembre 1915 au 22 mars 1917*. Nous vivons dans des circonstances extraordinaires et bien tristes. Quels temps!

« En septembre 1915, je sollicitais un poste d'aumônier en Westphalie. Le ministère impérial à Strasbourg me répondit que le *Generalkommando* était intraitable. Dans le courant du printemps 1916 je suis dénoncé comme suspect par une femme hystérique. Sans le moindre interrogatoire le corps d'armée me fait savoir que « s'il arrive la moindre chose », je serai arrêté. De fait, je suis arrêté.

« Combien d'heures longues et tristes j'ai passé à Braunfels au milieu de son appareil administratif formidable et de ses fonctionnaires princiers! »

En *Schutzhaft*, les détenus étaient nourris comme les prisonniers de droit commun. En séjour forcé, les personnes suspectes devaient souvent, pour gagner leur vie, se livrer aux travaux les plus humiliants.

[cas d'une Mulhousienne]

« Ayant purgé ma peine en octobre 1915, écrit une Mulhousienne (le mémoire n'est pas signé), on me laissa jusqu'au 18 novembre au pensionnat pour m'expédier ensuite à Dippoldiswalde (Saxe), où, à mon arrivée, je devais me présenter à la police. Je déclarai que j'étais sans ressources et que je voudrais bien travailler si, en tant que suspecte et dangereuse, je pouvais trouver une occupation. On me répondit d'une manière grossière: « Eh bien, vous travaillerez à la fabrique!» Je répliquai que jamais je ne ferais cela.

Par hasard, je trouvai une place provisoire dans un petit magasin, où je gagnais 64 marks par mois. On m'y traitait de Française et l'on me regardait comme un phénomène.

« Ne pouvant pas vivre avec 64 marks par mois, je reçus, après requête adressée au *Stellvertretendes Generalkommando,* l'autorisation de donner des leçons de français. A partir du mois de mars, privée de cette ressource, je sollicitai une place dans les différentes maisons. Partout on me répondit qu'on ne pouvait pas m'engager. J'adressai alors une nouvelle demande au corps d'armée en lui décrivant ma situation et en le priant de me prendre dans les services auxiliaires. La demande fut rejetée. Que faire? J'étais sans moyens. Mon magasin avait été déclaré en faillite pendant mon emprisonnement. J'avais à soutenir mon pauvre père âgé de 80 ans, mais je ne le pouvais pas. J'aurais aimé travailler, on me repoussait de partout.

« Je me souviendrai toujours de ce qu'un policier de cette ville déclara à un industriel qui cherchait du travail pour une jeune femme expulsée de Reiningen. « Pourquoi vous occupez-vous d'une Alsacienne, disait-il, nous n'avons pas de travail pour les Alsaciennes! » Cette jeune femme avait été expulsée après que son mari eût été fait prisonnier en août 1914. Pendant une année, on lui accorda la subvention de guerre. Puis on l'expulsa, uniquement parce que son mari était passé volontairement à l'ennemi.

Sans travail pendant quatre semaines, on voulut loger cette pauvre femme dans une maison de charité. Elle trouva finalement un emploi pénible dans une usine, où elle gagnait 8 à 10 marks par semaine et où, d'après le propre aveu d'un employé, elle avait un sort « difficile et triste. » Qu'ajouterai-je à cela? Ce ne sont que quelques extraits et non les plus navrants. Il y a tellement de malheureux! Qu'on se souvienne du pauvre Haas, âgé de 70 ans, expulsé et envoyé en Westphalie après avoir purgé une peine de quatre mois!

« Les prostituées, les voleurs, les condamnés de droit commun pouvaient rentrer chez eux, une fois leur peine terminée.

« Quant aux condamnés politiques ou aux suspects, ils étaient placés en marge de la loi. »

[cas Kempf]

M. Alphonse Kempf, maître-cordonnier à Sélestat, avait été mis en prison préventive sur un ordre du *Stellvertretendes Generalkommando* du XVe corps d'armée en date du 3 mars 1916, pour avoir manifesté des sentiments francophiles dans une lettre, adressée à son fils Emile. Mis en liberté en septembre 1916, la ville de Buxtehude lui fut désignée comme *Zwangsaufenthalt*.

En date du 16 octobre 1916, le président du département du Bas-Rhin s'adressait à M. Kempf pour l'obliger à rembourser les frais de son voyage à Buxtehude, soit la somme de 15 marks. Kempf répondit le 6 novembre 1916 : « Je gagne 9 marks par semaine. J'ai besoin de cette somme pour me nourrir. Puisqu'une augmentation ne m'est pas accordée, je ne puis vous payer en ce moment. Je vis de l'argent que m'envoie mon fils Albert, soldat allemand. Il m'envoie 25 marks par semaine ».

Je pourrais citer d'autres exemples encore, mais cela m'entraînerait trop loin. Je n'en finirais pas. Je crois que ces quelques lettres et mémoires démontrent assez que l'abolition de la *Schutzhaft* n'avait amené aucun changement notable dans le traitement des suspects.

[cas Marchal]

Toutes ces mesures rigoureuses ne pouvaient arriver à mâter nos compatriotes ! Ils persistaient dans leurs vrais sentiments, malgré les conséquences qui pouvaient en résulter pour eux. M. Jules Marchal (voir page 9), explique un arrêté du gouvernement militaire de Strasbourg (n° 13076 en date du 18 septembre 1917), a été condamné le 16 septembre 1916 par le tribunal de bailliage de Gruenberg (Silésie) à une amende de 100 marks pour avoir correspondu avec des prisonniers français. Marchal n'a pas été interpellé par les prisonniers, il allait à eux de son propre chef. Il leur parlait quand il les rencontrait dans les jardins de la ville. Il les engagea, un jour, sur sa propre instigation, à l'accompagner dans un restaurant. Lorsque les prisonniers répondirent que c'était chose défendue, il les invita chez lui. Il les a, en effet, reçus dans son logement. Fonctionnaire allemand, il s'est dénoncé, malgré le serment de fidélité prêté à Sa Majesté l'Empereur, comme l'expéditeur d'une lettre d'un des prisonniers. Pour rendre service à un prisonnier ennemi, il a donc trompé les autorités de sa propre patrie. Il faut être très francophile pour se laisser entraîner à une violation de ses devoirs.

« Malgré la punition qu'il a encourue pour cette infamie, Marchal a de nouveau repris ses relations avec les prisonniers français en traitement à l'hôpital de Rastatt. Il leur a raconté qu'il attendait impatiemment la fin de la guerre, ajoutant qu'il était prisonnier comme eux et qu'il ne pouvait rentrer dans son pays. Un des prisonniers lui demanda ce qu'il pensait de la guerre. Il répondit qu'il aurait cru, l'année passée, que l'Allemagne serait victorieuse. « Maintenant, continue-t-il, que tout se tourne contre l'Allemagne il n'est guère douteux que la France ne remporte la victoire. » Ce nouveau délit de la part de Marchal prouve à l'évidence qu'il est animé au plus haut degré de sentiments antiallemands. Un pareil propos, dans la bouche d'un percepteur impérial, devant des prisonniers français, nous permet d'imaginer comment il se serait comporté au milieu de la population germanophobe de Rosheim s'il avait pu y rester. Tout cela démontre que malgré le danger couru il ne s'embarrassait pas des ordres lancés par les autorités allemandes, dès qu'il pouvait donner libre cours à ses sympathies françaises.

« Peu lui importait d'obéir aux arrêtés du gouvernement ! Il l'a prouvé le jour où il se rendit, le 6 août 1917, sans permission de Rastatt à Haguenau. Il ressort, en effet, d'un rapport de la direction du cercle de Haguenau en date du 20 août 1917 que Marchal y a séjourné plusieurs jours avec sa femme et son gendre.

« Tous ces faits confirment que Marchal depuis son expulsion de la zone fortifiée de la ville de Strasbourg a été de plus en plus affirmé dans ses sentiments et son exaltation germanophobes. »

Voici un autre exemple:

[cas Wenger]

M. Paul Wenger, banquier à Strasbourg, a été mis en prison préventive, le 20 avril 1915, pour avoir été en relations, en 1903 comme s'expriment différents rapports de police, avec le S. R. français et aussi parce qu'il était animé de sentiments francophiles. Vu son état de santé, la *Schutzhaft* fut changée en *Zwangsaufenthalt* et la ville de Weimar désignée comme lieu de séjour forcé.

En date du 9 septembre 1916 M. Wenger était dénoncé par un lieutenant Vogel pour s'être exprimé en présence d'une dame Aulhorn en termes défavorables sur l'armée et la maison des Hohenzollern. Il demanda qu'on entendit Mme Aulhorn comme témoin. Cette Allemande fit la déposition suivante: « La famille Wenger et moi habitions la même maison, 40, rue de Bismarck. Les Wenger me rendaient visite de temps en temps. La dernière fois remonte à juillet 1916. Tout en causant, M. Wenger dit subitement: « Nous viendrons, nous vaincrons ». Je lui demandais ce qu'il voulait dire par cela et il me répondit: « Nous vaincrons, nous Français. Je suis français des pieds à la tête. L'Empereur, ajouta-t-il, doit disparaître. La maison des Hohenzollern et le militarisme prussien doivent être abolis ». Ma fille, Mme de Suchorzensky qui, elle aussi, était présente, pria Wenger de ne pas tenir de pareils propos, qu'étant Allemande, elle pourrait fort bien le dénoncer. Wenger répondit que cela ne faisait rien, et qu'il retournerait tout bonnement en prison. »

Par ordre du *Stellvertretendes Generalkommando* du XIe corps d'armée à Cassel, M. Wenger fut transféré, malgré la gravité de sa maladie, le 11 octobre 1916, au camp de Havelberg.

CHAPITRE IV

PREMIÈRE INTERVENTION DU REICHSTAG

Lettre alarmante de M. von Dallwitz
Les séances mémorables du 27 et 28 octobre 1916
Voix des journaux

Avant de relater les débats qui eurent lieu fin 1916 au Reichstag, avant de parler du conflit qui en résulta entre les autorités civiles et militaires, il faut que je revienne sur ses origines. J'y ai insisté à différentes reprises et j'ai dit que les autorités civiles, prévoyant l'orage, avaient songé à remédier à un état des choses aussi illégal, mais qu'elles s'étaient heurtées à la volonté de fer des chefs militaires. Les autorités civiles s'inquiétaient surtout des arrestations arbitraires, ordonnées par quelques généraux et qui n'étaient fondées en somme sur rien d'autre que des présomptions — et encore ! Elles critiquaient les incarcérations ordonnées contre l'avis de hauts fonctionnaires civils.

« Avec la déclaration de l'état de siège, écrit le

20 août 1914, M. von Dallwitz, *Statthalter* d'Alsace-Lorraine, à M. von Heeringen, commandant en chef de la VIIe armée, le chancelier d'Empire, d'accord avec le ministère de la guerre et les différents gouvernements du pays, entre autres celui d'Alsace-Lorraine, a communiqué les points essentiels à observer pendant toute la durée de la guerre. Il insiste surtout sur la nécessité de respecter la liberté personnelle de chaque Allemand et de ne procéder à des arrestations préventives que dans les cas nettement déterminés. Mais nous avons appris que souvent les directeurs d'arrondissements d'Alsace-Lorraine se sont entremis en faveur de certaines personnes, auprès des chefs militaires sur les ordres de qui elles avaient été incarcérées. Il s'agissait toujours de personnes connues des *Kreisdirektoren*, lesquels étaient convaincus de leur innocence.

« Je ne doute pas que les démarches des directeurs d'arrondissements auprès des autorités militaires n'aient été prises à la suite de l'instruction dont il a été question plus haut. Je me crois obligé d'en donner connaissance à votre Excellence afin que la conduite des fonctionnaires soit appréciée dans ce sens. A mon avis les *Kreisdirektoren* pouvaient se regarder comme autorisés, d'après l'instruction du chancelier d'Empire et du ministre de la guerre, à intervenir personnellement quand il s'agit d'arrestations sans raison plausible et dont le nombre est apparemment très élevé.

« Permettez que je revienne sur les rapports des organes subalternes, où il est dit de façon générale qu'en temps de guerre les querelles privées, les haines personnelles cherchent à se faire entendre. Le danger des soupçons et des dénonciations, non basées sur des preuves, est donc absolument admissible. Que d'autre part, les autorités militaires soient disposées de parti pris, à croire ce qu'on leur raconte, cela s'explique par le fait qu'il y a malheureusement en Alsace-Lorraine des habitants ayant des sympathies pour l'ennemi ou prêts à le soutenir d'une manière perfide. Par respect pour la justice et aussi pour ménager et empêcher un revirement dans l'opinion publique, ce qui ne serait guère favorable aux intérêts militaires, je crois devoir déconseiller aux chefs militaires de répondre sans raison aux délits de quelques-uns par des mesures générales, par exemple, en incendiant des villages entiers, etc., etc.

« Je me fais en même temps les scrupules les plus sérieux en voyant que l'on rend responsables les maires des actes commis par quelques habitants. Leur punition serait bien vue par les éléments germanophobes et indisciplinés des communes. Je laisse au commandement en chef le soin de bien vouloir examiner si les chefs militaires ne feraient pas œuvre utile en s'entendant sur les différents points cités plus haut. »

M. von Dallwitz n'osait pas donner d'ordres. D'ailleurs, le pouvait-il ? Les pouvoirs des chefs militaires n'étaient-il pas illimités ? Lui se bornait à donner de... bons conseils. Il faisait par là preuve de clairvoyance. C'est même étonnant. Voilà un homme qui prévoyait dès 1914 que les injustices commises au début de la guerre, pousseraient les plus indifférents d'entre les Alsaciens-Lorrains dans les bras de la France. Ce qu'il appréhendait, les chefs militaires l'ont réalisé et à partir de la seconde année de la guerre les indifférents étaient devenus de fervents Français.

« S'il est dans l'intérêt des opérations militaires, répondait le général von Heeringen, le 21 août 1914, de mettre hors d'état de nuire toutes les personnes suspectes, les objections du *Statthalter* impérial semblent tout de même justifiées. Il faut donc soigneusement examiner si, en tenant compte des explications du *Statthalter* impérial, les arrestations doivent être maintenues. Dans ce cas, preuves et interrogatoires doivent être remis. Quant au reste, les personnes arrêtées seront relaxées. »

Le ministre impérial d'Alsace, ayant posé le 10 août les mêmes questions au chef du *Stellvertretender Generalstab* de l'armée, le général baron von Manteuffel répondit le 17 septembre 1914: « Je ne vois aucun inconvénient à ce qu'on mette en liberté les personnes arrêtées, à moins que les intérêts militaires ne soient en jeu. J'applaudis à la manière de voir du commandant en chef de la VIIe armée et je suis d'accord pour communiquer son avis aux autres autorités militaires appelées à décider de la mise en liberté des suspects. Cette mise en liberté peut être tolérée, à condition que les personnes en question séjournent à l'intérieur de l'Allemagne, où elles seront surveillées étroitement et où leur correspondance sera soumise à la censure, etc., etc. »

Ainsi, les autorités militaires ne se préoccupent pas du tout des conseils d'un haut personnage renseigné et clairvoyant. Par de vagues explications, on donne d'abord un semblant d'adhésion pour revenir ensuite au point de départ. Tous les arrêtés, lettres et rapports en témoignent ; à aucun prix, les autorités militaires ne se priveront d'un pouvoir qui les rend les maîtres tout-puissants de notre petit pays. Et le jour où le Parlement, poussé partout, s'élèvera contre tant d'arbitraire, ces Messieurs braveront l'opinion publique.

Ce n'est que vers la fin de l'année 1916, après l'échec de Verdun, que les représentants du peuple, las des vaines promesses faites par les chefs militaires, osèrent critiquer pour la première fois les injustices commises par eux. Les colères se tournèrent contre l'application des paragraphes de la loi sur l'état de siège relatifs à la censure et à la *Schutzhaft*.

Dès le 24 mai 1916 un député prussien, M. Pfleger, déclarait dans un discours, d'ailleurs fort timoré:

« La *Schutzhaft* n'a pas d'autre base légale que

de se croire couverte par les décisions de la loi sur l'état de siège au terme de laquelle ces mesures peuvent être prises dans l'intérêt public.

« J'avoue, que dans la plupart des cas, on peut considérer comme désirable que la prison préventive soit infligée sans qu'on ait à en fixer la légalité. Mais je crois pourtant que nous offensons nos sentiments de justice en n'appliquant pas à cette *Schutzhaft* la garantie légale que nous possédons dans d'autres chapitres juridiques. Je veux dire : l'interrogatoire, l'audition des témoins, les recours et la possibilité de se servir d'un défenseur. »

M. Pfleger n'attaque nullement. Il insiste néanmoins sur les moyens capables d'écarter un débat. En mai 1916, même après la demande du parti du centre d'examiner scrupuleusement tous les cas d'espèce, ses paroles ne furent pas entendues.

C'est le 27 octobre 1916 seulement que le parti national libéral ose prendre l'initiative de la lutte pour l'abolition des mesures iniques et contre le pouvoir dictatorial du militarisme. Le député Grœber (centre) est le premier à prendre la parole.

« La différence, dit-il, entre les cas d'emprisonnement préventif pendant la guerre et ceux du temps de paix consiste en ce qu'on n'exige pas une cause précise pour infliger la *Schutzhaft* du moment que les paragraphes de la constitution, relatifs à la liberté personnelle, sont suspendus. Il ne s'agit ni de la preuve, ni de la crainte d'un danger pour *la* moralité ou la tranquillité publique, ni d'avoir commis ou prémédité un acte répréhensible. Il n'est même pas question d'un soupçon de mise en danger de l'ordre public.

« Le code pénal allemand, ajoute-t-il, parle du soupçon imminent d'avoir commis un acte punissable. En ce qui concerne la *Schutzhaft,* il n'est pas du tout question d'un soupçon. »

Le 28 octobre 1916, les débats reprennent de plus belle et cette fois-ci, le parti socialiste, en la personne de M. Dittmann, attaque le gouvernement.

« La *Schutzhaft,* déclare-t-il, est aujourd'hui un instrument de lutte politique contre les partis et contre quelques personnages de l'opposition. Le criminel, comparé aux prisonniers préventifs, est dans une situation digne d'envie. Il est jugé selon une procédure judiciaire régulière et son sort est vite fixé. Celui qui se trouve en *Schutzhaft* est, par suite de l'incertitude où il se trouve, abandonné au désespoir. Il ne voit pas comment il pourra recouvrer la liberté. Il est en quelque sorte *enterré vivant.* »

Tenu de répondre aux attaques et aux sommations répétées des députés, M. Helfferich, vice-chancelier, prend la parole. Jamais homme d'Etat n'a dû se voir dans une situation aussi lamentable et ridicule. C'est lui qui va payer pour les chefs militaires. C'est à lui qu'incombe la tâche de répondre aux réquisitoires des députés. S'empresse-t-il de parler pour ne rien dire? Il répond par des phrases qui ne signifient rien et qui sont un aveu. Et, pour comble du ridicule, il commence par ne pas avouer les fautes commises et déclare ensuite qu'il s'est trouvé après coup dans la nécessité de les réparer.

« Nous sommes en guerre, dit-il entre autres, et aussi dur que cela puisse être pour quelques individus, d'être arrêtés, l'intérêt de la patrie prime tout.

« J'aime mieux qu'un innocent souffre injustement plutôt que de laisser impuni un coupable.

« La sûreté de la patrie est notre loi suprême. »

Le député Paasche déclare à son tour:

« Nous, qui sommes le gouvernement, nous ne pouvons et nous ne devons pas tolérer un tel état de choses dans notre patrie allemande et nous ferons tout ce qui est dans nos moyens pour l'éviter. »

Des députés alsaciens, c'est M. Hauss qui prend la parole. Il vise, en termes mordants, les mesures arbitraires prises par les autorités militaires. « L'Alsace-Lorraine, dit-il, est devenu le pays classique de la *Schutzhaft*.

« On a rendu à la liberté une partie des incarcérés. Mais il y en a encore retenus en prison ou qui, dans quelque localité éloignée, se morfondent en « séjour forcé ». Ils y vivent comme des proscrits, surveillés et suspectés continuellement par la police.

« Leur arrestation ne se basait souvent que sur des dénonciations émanant d'organes subalternes.

« Le prisonnier préventif est l'homme le moins protégé. Il est mis hors la loi.

« La plupart des incarcérés, du moins ceux d'Alsace-Lorraine, doivent leur malheur au fait qu'on les soupçonne de ne pas avoir suffisamment de sentiments patriotiques. Est-ce qu'on croit pouvoir suppléer à ce manque de patriotisme en les emprisonnant avec des sujets appartenant à des pays ennemis? »

Parlant au nom du ministre de la guerre, le colonel von Wrisberg avoue qu'au commencement de la guerre, des abus se sont produits, surtout en Alsace-Lorraine, où pourtant on était entouré d'espions. « Mais, termine-t-il, il y aura du changement. »

C'est le colonel von Wrisberg qui sauva la situation par des promesses. Quant à M. Helfferich, il avait fait faillite. En reproduisant les discours qui venaient d'être prononcés, les journaux allemands critiquèrent vivement les mesures illégales qui avaient été prises par les militaires.

Même les journaux de droite, les journaux militaristes, se reconnurent coupables en reprochant aux députés d'avoir publiquement mis les chefs militaires dans un cruel embaras. La *Vossische Zeitung* écrivait: « Les débats sur la *Schutzhaft* ont été l'orage qui lave l'horizon. C'est un événement parlementaire de premier ordre, une journée désastreuse pour Helfferich. »

« Ce sera peut-être, disait la *Berliner Morgenpost,* la journée la plus noire de toute la guerre. Les espérances, mises en Helfferich, sont déçues. Nos ennemis ont appris qu'en Allemagne il existe une opinion publique. »

« Nous espérons, s'écriait le *Vorwärts,* que Helfferich saura, après ce qui s'est passé au *Reichstag,* samedi dernier, expliquer aux autorités le sens politique profond que prend dans des temps aussi sérieux la phrase: « Apprenez, on vous a prévenus. »

« Le gouvernement, avouait la *Tägliche Rundschau,* est coupable d'avoir laissé se développer de tels abus et d'avoir forcé le Reichstag à en parler publiquement. »

« La discussion, imprimait la *Kölnische Volkszeitung,* rappelait les débats sur l'affaire de Saverne. Ce fut une journée désastreuse pour Helfferich. Ce qu'il disait était acceptable, mais il parlait sur un ton rebutant, froid et inintelligent. »

« Qui est responsable de cette journée malheureuse? demandait le *Posener Tagebatt.* C'est la façon mesquine et bornée dont est dirigée la censure de l'opinion publique. »

« Le gouvernement, écrivait le *Leipziger Tageblatt,* n'a pas opéré d'une manière habile. C'est la loi, rendue trop sévère, qui forme la racine du mal. Nous aurions espéré de Helfferich un discours plus prévenant où il aurait avoué lui-même les abus sans fausse honte. Le représentant du ministre de la guerre a su se mettre au diapason des sentiments de l'assemblée. »

« Vouloir transformer, écrit le député Heine au *Berliner Tageblatt,* un Etat légal en un Etat d'absolutisme entraînerait de graves conséquences. C'est le système lui-même qui crée des difficultés. Il ne s'agit pas de quelques fautes, il s'agit d'un vice général. Nous exigeons du gouvernement responsable plus de clairvoyance que des autorités militaires. La manière dont Helfferich a traité les recours qui lui sont adressés, doit énerver le peuple. »

« Empêcher les atteintes illégales à la liberté personnelle, c'est le principe élémentaire que doit se poser le gouvernement, écrit M. von Zedlitz dans la *Berliner Post.* Le chancelier est responsable. Nous exigeons une revision scrupuleuse de tous les cas de *Schutzhaft.* »

La *Frankfurter Zeitung* réclame contre les abus démontrés une protection assurée par une réforme de la législation. Et elle ajoute qu'il ne faut pas qu'on renvoie cette tâche jusqu'après la guerre.

« Attaqué par la gauche, écrit M. Scheidemann dans le *Vorwärts,* abandonné de la droite, voilà la situation dans laquelle se trouvait le gouvernement le 28 octobre. Si l'énergie du Reichstag et la clairvoyance des autorités n'amènent pas un changement, tout cela n'aura été qu'un prologue. Il ne faut pas que cela continue comme cela. »

M. Wendel constate dans la *Chemnitzer Volks-*

stimme, que les flots menacent d'enlever tous les ponts qui relient l'Allemagne aux deux provinces. Il ajoute : « Union sacrée par-ci, union sacrée par-là, nous ne pouvons pas tolérer ce qui est intolérable. »

Le gouvernement allait-il suivre les excellents conseils que venaient de lui donner les représentants du peuple? Allait-il céder devant l'opinion publique?

Pour répondre à cette question il faut que nous insistions sur deux faits. La politique extérieure, comme la politique intérieure, était dirigée non par le ministère à Berlin, mais par le grand quartier général. Ces messieurs de Berlin n'étaient que des comparses mus par les chefs militaires. Ceux-ci allaient-ils s'infliger un blâme à eux-mêmes ? Non. Aussi maintiendront-ils l'illégalité, en se servant de cent prétextes.

Et ici nous arrivons au second fait. Vers la fin de 1916, et au commencement de 1917, ce qu'on pourrait appeler la renaissance du sentiment français en Alsace, était désormais un fait acquis. Ceux qui avaient pu oublier la France, aux cours des 45 années d'occupation, voyaient maintenant en elle le salut, la nation qui les délivrerait d'un maître abhorré et cruel. Chose curieuse, les chefs militaires qui, par leurs mesures avaient causé ce revirement dans l'opinion publique, s'en servirent pour souligner la nécessité de maintenir ces mesures arbitraires. Pour justifier les actes de vengeance et de rancune, on ne s'était servi jusqu'ici que de la loi sur l'état de siège de 1851. A la suite de l'intervention du *Reichstag* et devant les sommations de l'opinion publique on se voyait forcé d'y renoncer.

Que faire alors? Hé! on invoquera tout bonnement le droit de guerre (*Kriegsrecht*). A partir de ce moment l'Alsace-Lorraine est, plus que jamais, regardé comme pays ennemi, d'autant plus que les rapports des Kapp, des Ehrismann etc. avaient démontré que le plus résigné d'entre nous était devenu l'adversaire implacable de l'Allemagne.

CHAPITRE V

LE CONFLIT ENTRE LE MINISTÈRE DE LA GUERRE ET LES CHEFS MILITAIRES D'ALSACE-LORRAINE

La loi du 4 novembre 1916 et son interprétation par l'*Obermilitärbefehlshaber* — La séance secrète de Strasbourg — La première phase du conflit La réunion de Kreuznach — La défaite de M. von Stein Lettres d'Albrecht de Wurtemberg

Céder aux instances des députés quant aux incarcérés allemands, mais continuer d'infliger cette peine aux Alsaciens, voilà le sens de la loi sur l'arrestation et la limitation de séjour en raison de l'état de guerre et de l'état de siège du 4 décembre 1916, dont voici le texte:

« Nous, Guillaume, Empereur allemand, Roi de Prusse par la grâce de Dieu, etc.,

Ordonnons, au nom de l'Empire, avec l'assentiment du Conseil Fédéral et du *Reichstag*, ce qui suit:

§ 1

Les organes du pouvoir exécutif ne pourront ordonner l'arrestation d'un sujet allemand ou son envoi en séjour forcé en se réclamant de l'état de guerre ou de l'état de siège que si ces mesures s'imposent pour écarter un danger concernant la sécurité de l'Empire.

§ 2

Le mandat d'amener doit être rédigé par écrit. Il devra être communiqué à l'intéressé au moment de l'arrestation ou, si cela n'est pas possible, immédiatement après. Si l'intéressé l'exige, une copie devra lui être remise. Le mandat d'amener devra indiquer les faits qui ont motivé l'arrestation.

§ 3

Toute personne arrêtée aura en tout temps le droit de porter plainte devant le tribunal militaire d'Empire. Il faudra renseigner l'intéressé sur ce point en même temps que le mandat d'amener lui sera communiqué. Le tribunal militaire d'Empire se composera, pour prendre ses décisions, de quatre juges et de trois militaires. Il est loisible au tribunal d'ordonner un débat de vive voix. Si la personne arrêtée le demande, il faudra y donner suite. Le tribunal peut faire entendre la personne arrêtée par un juge chargé de ce mandat ou par son délégué.

§ 4

La personne arrêtée devra être entendue par un juge au plus tard le lendemain de son emprisonnement pour établir les protestations qu'elle a à faire valoir contre son arrestation.

§ 5

Le mandat d'amener doit être rapporté dès que les raisons qui l'ont motivé ou le but qu'il poursuivait n'existent plus ou encore si l'état de guerre et l'état de siège sont levés ou encore trois mois après le jour de l'arrestation. Le maintien de l'arrestation, après les trois mois écoulés, ne pourra être décidé qu'après un nouvel examen de l'état de choses et l'établissement d'un nouveau mandat d'amener. D'autre part, il importe de provoquer une décision du tribunal militaire d'Empire sur le maintien de la détention, même dans les cas où une plainte n'aurait pas été formulée.

§ 6

Les prescriptions du § 116 du code de procédure pénale devront être appliquées pour la mise en exécution de la détention.

§ 7

La personne arrêtée peut, en tout temps, s'assurer l'assistance d'un défenseur. Les prescriptions des §§ 137, alinéa 2, et 138 du code de procédure pénale sont applicables.

§ 8

Un défenseur pourra être nommé, d'office ou sur la demande de la personne arrêtée, par les soins du tribunal de la circonscription où s'est produite l'arrestation ou de celle où se trouve le détenu. La constitution de la défense devra avoir lieu si la personne arrêtée en fait la demande deux semaines après son arrestation. L'intéressé doit en être instruit lors de l'interrogatoire. Elle doit être retirée dans le cas où le choix tomberait sur un autre défenseur et si ce dernier accepte.

§ 9

La défense doit pouvoir prendre connaissance des dossiers de l'arrestation. La personne arrêtée doit être autorisée à communiquer de vive voix ou par écrit avec son défenseur.

§ 10

Le représentant légal de la personne arrêtée ou le mari d'une femme détenue doivent être autorisés à assister l'intéressé. Sur sa demande on devra l'entendre.

§ 11

Les prescriptions des §§ 2-5 et 7-10 de cette loi sont applicables à tout ce qui touche le domicile forcé.

§ 12

La détention, subie en raison de cette loi, peut être détruite, entièrement ou en partie, à la suite d'une peine prononcée par jugement.

§ 13

Dans le cas où le tribunal militaire d'Empire annulerait la détention ou le séjour forcé parce que les conditions qui ont provoqué ces mesures ne seraient pas justifiées, un droit à une indemnité devra être reconnu à la personne lésée dans ses intérêts.

Le tribunal militaire d'Empire peut reconnaître une demande d'indemnité également dans les cas où il n'a pas annulé lui-même la détention ou le séjour forcé. La demande d'indemnité est à faire valoir vis-à-vis de l'Empire dans les cas où la détention ou le séjour forcé ont été ordonnés par l'autorité militaire ou un fonctionnaire d'Empire. Dans les autres cas, elle devrait intéresser l'Etat confédéré auquel appartient le fonctionnaire qui a pris cette mesure.

En ce qui concerne les demandes d'indemnité et leur exécution, ce sont les prescriptions de la loi du 14 juillet 1904 qui devront être appliquées. Le Conseil Fédéral prendra les dispositions nécessaires à l'exécution de la loi.

Donné au Grand Quartier Général,
le 4 décembre 1916.

Guillaume.
Docteur Helfferich.

Les paragraphes de cette loi, qu'on a appelée la loi sur la *Schutzhaft*, semblent accorder de sérieuses garanties à tous ceux qui seraient frappés à l'avenir. Erreur! On va voir que cette loi n'était, aux yeux des militaires, qu'un simple chiffon de papier. Pour la forme, les ministres avaient cédé devant l'émotion qui s'était emparée des milieux parlementaires. Mais à peine la loi était-elle promulguée, que les militaires s'appliquèrent à la tourner. On créa d'abord une nouvelle fonction: l'*Obermilitärbefehlshaber*, qui devait être saisi de toutes les plaintes portées contre les atteintes à la liberté personnelle (détention et séjour forcé) et à la liberté d'opinion (censure). Le premier *Obermilitärbefehlshaber* n'était autre que l'ancien maître du quartier général (*Generalquartiermeister*), M. von Stein. Il avait sous ses ordres plusieurs collaborateurs, dont les noms, tel que celui du colonel von Wrisberg, reviendront assez souvent dans cette étude. L'*Obermilitärbefehlshaber* était également chargé de représenter l'autorité militaire supérieure devant le parlement. On pourrait croire qu'une collaboration s'établit entre ce nouvel organe et le *Reichstag*. En réalité, l'*Obermilitärbefehlshaber* n'eut qu'une préoccupation: éluder la loi. En effet, le 19 décembre 1916 déjà, il lançait une circulaire secrète portant le n° 7473/16 g. A. I., circulaire qui contenait toutes les directives voulues pour contrecarrer l'action parlementaire.

Dans cette circulaire, l'*Obermilitärbefehlshaber* interprétait, à sa manière les paragraphes de la loi sur la *Schutzhaft*. Voici les instructions confidentielles qu'il adressait aux *Stellvertretende Generalkommandos:*

« A l'intérieur de l'Allemagne, exception faite de la Bavière, la *Schutzhaft* et la limitation de séjour, prévues par la loi sur l'état de siège du 4 juin 1851, ne peuvent être ordonnées que par les chefs militaires, aux mains desquels a passé le pouvoir exécutif. *Les arrestations, les limitations de séjour ou les expulsions, ordonnées en raison du droit de guerre par un chef militaire dans une zone d'étapes et dans la zone des opérations militaires par égard à la sûreté de l'armée ou des opérations militaires, ne tombent pas sous le coup de cette loi.*

« *Les faits qu'il importe de tenir secrets dans l'intérêt de la défense nationale ne devront pas être mentionnés sur l'ordre d'arrestation.*

« Il suffira de remettre, contre récépissé, une copie de l'ordre d'arrestation.

« *Un fonctionnaire judiciaire militaire, assisté d'un greffier militaire, procédera à l'interrogatoire. L'affaire sera poursuivie par un juge militaire* qui aura à se procurer tous les documents voulus pour être en mesure de statuer. Dans le cas où une arrestation a eu lieu, afin de retenir l'intéressé en *Schutzhaft* ou en séjour forcé, il faudra sur-le-champ s'enquérir de la décision prise par le chef militaire.

« Il faut établir des dossiers spéciaux pour chaque cas d'arrestation ou de séjour forcé. *Les chefs militaires veilleront à ce qu'aucune trahison des secrets militaires ne se produise lors de l'examen des dossiers. Le chef militaire compétent aura à régler si les personnes maintenues en arrestation correspondront verbalement ou par écrit avec leur défenseur.* »

Dès le lendemain de la promulgation de la loi, les autorités militaires avaient pris leurs dispositions pour garder leur liberté d'action. C'est ainsi que le 19 décembre 1916, à l'instigation du commandant en chef de la section d'armée A, une réunion eut lieu.

Etaient présents:

le commandant Lucius, chef de la police militaire d'une section d'armée ; le capitaine Pfeiffer, le lieutenant Wolff, le lieutenant Pasquay, tous trois appartenant à la police secrète de l'armée ; M. Blum, conseiller de tribunal régional, chef du service de contre-espionnage à Fribourg ; M. Schreiber, conseiller supérieur du *Kriegsgericht;* M. Andres, remplissant les même fonctions ; le capitaine Bodenstein, directeur de police à Metz; le capitaine Kaltenbach du gouvernement militaire de Metz ; le capitaine Jäger, chef de la police militaire à Thionville ; M. Ludwig, conseiller du *Kriegsgericht* ; le capitaine Huber du gouvernement militaire de Strasbourg.

Le capitaine Pfeiffer présida les débats.

Il fit ressortir qu'un mémoire serait soumis au ministère de la guerre contre l'application de la loi de la *Schutzhaft* dans la zone des étapes et des opérations militaires.

Dans le cas où ce mémoire n'obtiendrait pas le résultat voulu, on verrait à établir le principe que la loi n'aurait pas d'effet rétroactif et ne s'appliquerait qu'aux cas à venir. Au cours de cette réunion, les paragraphes de la loi furent repris un à un, et passés littéralement à la loupe.

La chose présente suffisamment d'intérêt pour que nous nous y arrêtions.

La question de l'application éventuelle de la loi à des sujets étrangers retint tout d'abord l'attention de ces messieurs. Ensuite, ils se préoccupèrent du fait que la loi sur la *Schutzhaft* (§ 2) stipulait que le mandat d'amener fût communiqué sans délai à la personne arrêtée. Bien entendu ils convinrent qu'une arrestation pouvait très bien s'opérer sans que le mandat d'amener fût sous la main et qu'il ne serait pas toujours possible d'indiquer les raisons ayant provoqué l'arrestation. Ils insistèrent sur le fait que cela ne serait pas toujours possible s'il s'agissait d'affaires d'espionnage. Quelqu'un proposa d'adopter une vague formule, analogue à: « il y a danger pour les intérêts militaires et la sûreté de l'Empire ».

On se souvient que le paragraphe 3 de la loi autorisait les personnes arrêtées à saisir le tribunal militaire d'Empire d'un recours. Evidemment cela ne faisait pas l'affaire des délégués des deux sections d'armée. Voici quel était leur avis sur ce point important:

« Si, comme le fait se produit fréquemment, le recours est adressé au ministère impérial, celui-ci doit être invité à ne pas le transmettre immédiatement au tribunal militaire d'Empire, mais à l'*Ober-*

militärbefehlshaber qui aura à statuer. D'autre part, si un débat oral est ordonné par le tribunal militaire d'Empire, il importe que le chef militaire responsable y assiste ou se fasse remplacer. Cette procédure s'appliquerait également à l'audition de la personne arrêtée par un jugé délégué ou chargé de ce mandat. »

Le paragraphe 4 de la loi suggéra les réflexions suivantes: « Il faudrait, notamment en Alsace-Lorraine, que le juge chargé de recueillir les dépositions de la personne arrêtée fût un *Kriegsgerichtsrat* et non un juge civil ».

Il était dit dans le paragraphe 5 que chaque cas de détention devait faire tous les trois mois l'objet d'un nouvel examen. On admit le point de vue que cet examen concernerait exclusivement le chef militaire compétent. D'autre part, on insista sur le fait que l'*Armeeoberkommando* était d'avis que le règlement des cas antérieurs à la promulgation de la loi serait de la compétence de l'*Obermilitärbefehlshaber* et non du tribunal militaire d'Empire. Ces messieurs allaient d'ailleurs jusqu'à souhaiter qu'un conflit de compétence s'élevât entre ce tribunal et l'*Obermilitärbefehlshaber*.

Le paragraphe 6 donna lieu à un débat d'un genre un peu spécial. Il s'agissait de savoir si les personnes arrêtées seraient soumises à un travail obligatoire (*Arbeitszwang*) pendant leur détention. Jusqu'ici cette mesure n'avait guère été appliquée qu'aux prostituées. D'une correspondance échangée entre le ministère impérial et l'*Armeeoberkommando*, il ressort que l'autorité militaire entendait se désintéresser de la question.

Les paragraphes 7 et 8 ne donnèrent lieu à aucune discussion, qui mérite mention.

Par contre le paragraphe 9, où il est dit que le défenseur pourrait prendre connaissance des dossiers, inquiéta plutôt ces messieurs. Ils émirent l'avis qu'il fallait absolument empêcher la communication des dossiers au défenseur, si, par l'examen des pièces, l'instruction de l'affaire devait être compromise. Ils se réclamaient d'un paragraphe du code de procédure pénale disant que tout dossier concernant la sûreté de l'Empire ou l'intérêt militaire ne peut être examiné.

« Malheureusement, ajoutaient-ils, la loi n'offre aucune garantie contre la curiosité des avocats. Une seule chose pourrait écarter le danger: éliminer d'avance les dossiers intéressants ! »

Par ailleurs, on tomba d'accord sur le point suivant:

« Les rapports et la correspondance entre une personne arrêtée et son défenseur devront être surveillés par un représentant du chef militaire. Le même contrôle devra s'effectuer en ce qui concerne le paragraphe 10. »

En fin de séance, il fut décidé qu'un mémoire serait rédigé où seraient consignés les objections et les avis qu'on vient de lire. Les sections d'armée, saisies de ce mémoire, formuleraient à leur tour leur opinion pour transmettre le tout au ministère de la guerre.

Les chefs militaires, on le voit, jugeaient la loi suffisamment élastique pour se prêter à une interprétation de la plus haute fantaisie. Franchement, il n'était pas possible de mieux se moquer et du parlement et de l'autorité civile. On allait jusqu'à exiger que la loi fût sans effet rétroactif et que tous les cas antérieurs à sa promulgation tombassent sous le coup de la loi sur l'état de guerre. Le *Reichstag* avait expédié cette loi hâtivement, il faut bien le reconnaître. Les parlementaires allemands avaient marqué l'intention, non seulement d'empêcher les cas d'arbitraire de se reproduire, mais aussi de venir en aide aux suspects politiques et aux autres personnes, qui avaient été victimes des chefs militaires. Or, en vérité, ces chefs militaires décrétaient que ces malheureux ne bénéficieraient pas des avantages de la nouvelle loi ! En d'autres termes, le *Reichstag* venait de donner un coup d'épée dans l'eau...

Cependant, certaines autorités militaires hésitaient à suivre les directives, établies au cours de la séance secrète de Strasbourg.

C'est ainsi qu'en date du 24 février 1917, le gouvernement militaire de Strasbourg s'adressa au général von Stein pour lui faire savoir qu'il se rangeait à l'idée que toutes les limitations de séjour, ordonnées par le gouverneur de la place ou, sur son ordre, par le chef de la police militaire, devraient être considérées comme ayant été prononcées en raison de la *loi sur l'état de siège*. D'autre part, le gouvernement faisait ressortir qu'il importait d'examiner à nouveau tous les cas de limitations de séjour et qu'il avait exprimé ce point de vue dans différentes lettres adressées à l'avocat général près le tribunal militaire d'Empire.

Une lettre, écrite par cet avocat général au gouverneur de Strasbourg en février de la même année, est de nature à nous édifier sur l'état d'esprit qui régnait dans les milieux du tribunal militaire d'Empire.

On y lit : « Puisque la ville de Strasbourg est située dans la zone des opérations de guerre, toutes les mesures qui ont été prises pour sauvegarder la sécurité de la forteresse, ou l'intérêt des opérations militaires, doivent être considérées comme des mesures nécessités par la guerre et n'ayant rien de commun avec la loi du 4 décembre 1916 ».

Le spectacle est assez curieux. Voilà un tribunal militaire d'Empire, institué pour juger les cas d'emprisonnement (*Schutzhaft*) et les cas de séjour forcé. Il base ses jugements sur les paragraphes d'une loi votée dans ce but par le parlement. Et que fait l'avocat général? Il nie l'existence de cette loi. Il la supprime. Il invente des subterfuges. Là où il est évident que la loi doit être appliquée, il en invoque une autre.

On se demandera si le *Reichstag* s'accommodait de cette situation étrange. Eh bien, non. Trois mois après la promulgation de la loi du 4 décembre 1916, il s'étonnait à juste titre de ce qu'elle n'eût produit aucun résultat positif.

Nous savons qu'une autorité avait été spécialement créée pour répondre devant le parlement des actes des chefs militaires.

C'était celle de l'*Obermilitärbefehlshaber*, le général von Stein. Quelle était son attitude en présence d'un *Reichstag* nerveux et visiblement mécontent ? De la correspondance échangée à cette époque entre le général et quelques chefs militaires d'Alsace-Lorraine, il ressort assez clairement que M. von Stein n'entendait nullement tirer les marrons du feu pour les autres. C'est ainsi qu'il écrit au gouvernement militaire de Metz d'éviter des illégalités, de dissiper les doutes qu'avait pu faire naître dans l'esprit de certains chefs, la loi du 4 décembre 1916. Dans la même lettre, il précise. Il cherche surtout à éviter une confusion entre le *Kriegsrecht* et cette loi du 4 décembre. « Il ne faut pas que de simples commandants, voire des colonels, ordonnent des incarcérations ou des limitations de séjour prolongées. Il faut que ces cas me soient transmis, à moi ou aux chefs militaires compétents. »

Il ajoute que si la *Schutzhaft* et le séjour forcé ont été ordonnés, en raison de l'état de siège, les intéressés devront être traités conformément à la loi du 4 décembre 1916. Il spécifie qu'ils auront le droit d'adresser un recours au tribunal militaire d'Empire.

Il est manifeste que le général von Stein voulait, par cette circulaire, empêcher des arrestations arbitraires, ordonnées par le premier officier venu et qu'il cherche à assurer aux intéressés tous les bénéfices de la loi. Avant tout, il ne voulait pas s'attirer d'histoires.

Si les chefs militaires qui opéraient en Alsace-Lorraine savaient à quoi s'en tenir sur la manière dont il fallait interpréter la loi, il en allait autrement sur la rive droite du Rhin. Là-bas, c'était la confusion ainsi qu'il ressort de nombreuses lettres et circulaires.

Voici, par exemple, le général von Breizem, commandant à Dresde, qui écrit le 7 février au général von Stein que de nombreux suspects, expulsés d'Alsace-Lorraine sur l'ordre de la section d'armée Gaede, se trouvent en séjour forcé dans la zone du XIIe corps d'armée. Le général constate que les intéressés ont été expédiés en Saxe sans qu'on ait jugé à propos de l'en prévenir. D'autre part, la section d'armée Gaede s'est réservée le droit absolu de juger de l'opportunité du retour en Alsace-Lorraine de ces expulsés. Le général von Breizem ajoute que les chefs militaires qui ont fait procéder à l'expulsion de ces Alsaciens-Lorrains ne lui ont adressé que des dossiers extrêmement sommaires. En conséquence il ne lui est pas possible de se faire une idée exacte de la situation. Mais la loi du 4 décembre 1916 stipule qu'il faudra, tous les trois mois, procéder à un nouvel examen de tous les cas de *Schutzhaft* et de séjour forcé. « Comment se tirer d'affaire en Saxe, puisque nous ne savons rien de ce qui se passe en Alsace-Lorraine ! » se demande le général von Breizem avec inquiétude.

M. von Stein répond, le 23 février 1917, que seul est responsable et compétent le chef militaire de la région, où se trouvent les prisonniers détenus en *Schutzhaft* et les personnes astreintes à un séjour forcé. L'*Obermilitärbefehlshaber* ajoute que le chef militaire reste compétent également quand il s'agit de cas antérieurs à la mise en vigueur de la loi. Chaque cas devra faire l'objet d'un nouvel examen. Toutefois, le retour des intéressés en Alsace-Lorraine reste soumis à l'assentiment du chef militaire qui a ordonné l'arrestation.

On voit par là que la porte restait ouverte à tous les abus et que les chefs militaires de l'intérieur de l'Allemagne allaient avoir à juger des affaires, sans les connaître. Même aux cas où ils auraient pris une décision en faveur de personnes suspectes, les chefs militaires d'Alsace-Lorraine pouvaient toujours opposer leur veto.

Bien entendu, ce scandale n'avait pas échappé au *Reichstag* et la fraction socialiste, la seule qui ait eu vraiment le courage d'intervenir contre le gouvernement, menaça d'une nouvelle interpellation. M.

von Stein écrivit immédiatement aux chefs militaires, les adjurant d'éviter toute illégalité. Dans une lettre du 5 avril 1917, adressée au gouvernement militaire de Strasbourg, il insiste pour qu'on n'incarcère plus pendant des années ou qu'on ne frappe plus d'expulsion prolongée les personnes considérées simplement comme suspectes. Il faut pouvoir tabler sur des faits. Or, très souvent, il n'en existe pas. Il suffit souvent qu'un garde-champêtre émette un doute au sujet d'une personne et dise qu'elle n'est pas sûre au point de vue politique pour qu'elle soit soupçonné d'entretenir des sentiments germanophobes. Le général von Stein insiste : on ne peut se réclamer du *Kriegsrecht* pour prendre des mesures coercitives de longue durée ; celles-ci ne peuvent être prises qu'en raison de la loi du 4 juin 1851. Il invite donc les chefs militaires à examiner scrupuleusement les cas de nombre d'expulsés, afin d'établir s'il n'y aurait pas lieu de les autoriser à regagner l'Alsace-Lorraine. Il pousse l'honnêteté jusqu'à dire qu'il a étudié lui-même les dossiers et qu'il a la ferme conviction que nombre d'expulsions ne peuvent être maintenues. D'autre part, il précise que de sérieuses raisons d'ordre politique sont en jeu.

Il est manifeste que le général von Stein prêchait à des sourds. Le fait est qu'aucun des chefs militaires ne voulut réagir. Ne sachant plus à quel saint se vouer, M. von Stein s'adressa au G. Q. G.

seul capable de mettre un frein à la fureur des chefs militaires.

Le 9 avril 1917, eut lieu à Kreuznach, où se trouvait alors le G. Q. G., une réunion en vue d'étudier cette épineuse question de la *Schutzhaft*. Le général von Stein y avait délégué le colonel von Wrisberg, celui-là même qui au *Reichstag* était particulièrement chargé de recevoir les doléances des députés. Les choses ne se passaient pas toujours à la tribune, mais s'arrangeaient parfois dans le secret des coulisses. Le colonel von Wrisberg était parfaitement au courant de la situation. A Kreuznach, il exposa le point de vue du général von Stein. Voici quel fut son raisonnement: « Dans la zone d'étapes et des opérations militaires, le *Kriegsrecht* a la même efficacité que la loi sur l'état de siège de 1851. Il est limité quant au temps et à l'espace. Les arrestations, les limitations de séjour, les expulsions de longue durée et surtout les mesures, prises au début des hostilités, ne peuvent tomber sous le coup de la loi de 1851. Le *Reichstag* estime qu'il faut qu'il en soit ainsi, autrement il ne serait pas possible d'appliquer aux intéressés la loi du 4 décembre 1916. »

Le colonel von Wrisberg fit ensuite ressortir qu'il fallait agir avec plus de circonspection en ce qui concernait les mandats d'amener. A son avis, il fallait surtout se garder de faire procéder à des arrestations sur un simple soupçon. Il recommanda en outre d'apporter toute la célérité voulue à l'examen des cas de *Schutzhaft* et de séjour forcé, tout en sauvegardant autant que possible les intérêts militaires. Le duc Albrecht de Wurtemberg, commandant le groupe d'armée d'Alsace-Lorraine, s'était fait représenter par le lieutenant-colonel von Willisen. Le duc ne tenait nullement à ce que les mesures prises dans notre département contre nombre d'Alsaciens-Lorrains fussent rapportées. Le colonel von Willisen posa donc cette question : « Dans le cas où le tribunal militaire d'Empire autoriserait un expulsé à rentrer en Alsace-Lorraine, faut-il que le chef militaire se soumette ? » Et le colonel von Wrisberg de déclarer : « Le tribunal renseignera les chefs militaires, chaque fois qu'il rendra une sentence de ce genre. Il sera toujours loisible aux généraux d'interdire le retour de l'expulsé, si les circonstances ne le permettent pas ». Il s'empressa d'ajouter que, si l'intéressé saisissait l'*Obermilitärbefehlshaber* d'un recours, le chef militaire pouvait être certain qu'on tiendrait compte de son avis dans la plus large mesure.

On comprend par là que le général von Stein et le colonel von Wrisberg étaient tiraillés entre le *Reichstag*, qui se montrait impatient, et les chefs militaires qui, eux, n'entendaient pas céder une seule de leurs formidables prérogatives. Certes, le porte-parole de von Stein recommandait la prudence. Ainsi que nous le disions plus haut, son chef voulait avoir le moins d'histoires possible. Dès son retour à Berlin, il adresse (16 avril 1917) une circulaire aux chefs militaires pour exiger l'examen de tous les cas de *Schutzhaft* et d'expulsions politiques. « Je vous invite, écrivait-il, à autoriser les personnes dont l'expulsion ne repose pas sur des faits sérieux à rentrer dans leurs foyers. Les accusations d'une tierce personne ou d'organes subalternes de la police ne suffisent nullement pour justifier les expulsions devant le *Reichstag.* »

Evidemment c'était là du machiavélisme à la manière de Berlin. Le colonel von Wrisberg voulait apparemment pouvoir, à l'occasion, démontrer au Parlement qu'il était intervenu auprès des généraux, dans le sens préconisé par les députés. C'est ce qu'on appelle donner le change.

Ces circulaires à l'eau de rose n'avaient d'ailleurs pas l'air de plaire aux chefs militaires. Le 18 avril 1917, le duc Albrecht de Wurtemberg s'adressait au généralfeldmaréchal von Hindenburg pour protester contre les « embêtements » que lui causait l'*Obermilitärbefehlshaber.* En effet, il voyait dans les interventions, cependant bien timides du général von Stein, une atteinte au prestige et à l'autorité d'un commandant en chef d'un groupe d'armée. « Je n'ai, disait-il, à recevoir d'ordres que du G. Q. G. » Bien entendu, il soulignait le fait que toutes les mesures, prises derrière le front de ses armées, correspondaient à un intérêt militaire. Nous n'étonnerons personne en disant que le G. Q. G. allemand adopta entièrement les vues du duc Albrecht. Le 4 juin 1917, le feldmaréchal von Hindenburg lui adressait une longue lettre dans laquelle il reconnaissait que les mesures prises par les chefs d'armées et destinées à garantir la sécurité de l'armée et à atteindre le but de la guerre (*Kriegsziel*), n'était pas de la compétence de l'*Obermilitärbefehlshaber*. C'était laisser la porte ouverte à l'arbitraire.

Cependant, le général von Stein redoutait de nouvelles interventions du *Reichstag*, qui devait se réunir en juillet 1917. Dans une nouvelle circulaire, il attire l'attention des chefs militaires sur le gouverneur de Metz qui avait su concilier les intérêts de l'armeé et ceux d'une partie des Lorrains, expulsés depuis le début des hostilités.

Il demandait, en conséquence, aux chefs militaires de faire l'impossible pour éviter de nouveaux débats parlementaires. Nous tenons la réponse que le duc Albrecht de Wurtemberg adressa le 2 juin à l'*Obermilitärbefehlshaber*. Le document reflète bien la mentalité du commandant du groupe d'armée. On y lit: « Votre *proposition* d'examiner à nouveau les cas de *Schutzhaft* a été transmise par nos soins dès le mois d'avril aux organes compétents. Le nombre des expulsions étant élevé, il n'a pas été possible jusqu'ici de terminer cette besogne. Toutefois, nous ne manquerons pas de recommander aux chefs militaires d'examiner la question avec bienveillance.

« On verra à appliquer dans la mesure du possible les dispositions de la loi sur l'état de siège. D'autre part, il nous est impossible de déférer à votre désir, quand vous demandez aux chefs militaires de ne plus se réclamer aussi souvent du *Kriegsrecht.* C'est là une limitation non justifiée du pouvoir militaire. Elle ne serait pas compatible avec la responsabilité personnelle assumée par les chefs militaires. On doit leur abandonner le soin de prendre les mesures en raison des nécessités de guerre. Nous ne contestons point que la situation soit susceptible de créer des difficultés au *Reichstag.*

« On a l'impression, quand on lit les débats qui se sont produits au Parlement sur la question de la *Schutzhaft,* que les députés ne sont pas assez au courant de la question. Les députés, semble-t-il, ne saisissent pas la différence entre la zone non touchée par les opérations militaires et la zone alsacienne-lorraine. Ils ne se doutent même pas de l'obligation où nous sommes de prendre ici d'autres mesures que celles prévues par la loi sur l'état de siège. Il ne faut pas s'étonner de tant d'ignorance. Cela s'est vu de tout temps. Dans la séance du 15 mai 1917, pour ne citer que celle-là, le député Dittmann produisit une décision de la commission du budget, d'après laquelle les expulsions prononcées en Alsace-Lorraine tomberaient tout bonnement sous la loi du 4 décembre 1916. C'est un peu la raison pour laquelle les députés du *Reichstag* crièrent tout de suite à l'illégalité et à la désobéissance envers l'*Obermilitärbefehlshaber* dès que les chefs militaires négligèrent les mesures découlant de la loi sur l'état de siège. Le commandant en chef n'hésite pas à avouer son étonnement que personne n'ait protesté contre les reproches formulés à l'adresse des chefs militaires. On aurait pu le faire facilement et d'une manière efficace en renseignant les députés sur la situation réelle. Il est à espérer qu'on éclairera la religion des députés, afin que les chefs militaires convaincus d'agir pour le mieux ne soient plus en butte à des critiques aussi grossières. M. Lewald, représentant du chancelier de l'Empire, a déclaré vouloir faire aux députés un récit détaillé de tout ce qui se passe ici. »

La réponse du duc Albrecht prenait fin sur cette phrase sibylline: « La question de passer à l'offensive en Alsace-Lorraine n'a pas encore été résolue ». (Il ne s'agit point, en l'occurrence, d'une offensive sur le front. Le duc Albrecht voulait dire, par là, qu'il était question de prendre chez nous des mesures et des « garanties » encore plus rigoureuses que celles qui avaient été prises jusqu'à maintenant. Il faisait allusion notamment au projet de fonder ici la *Westmark*.)

Le plus clair de l'affaire est que toutes les circulaires de l'*Obermilitärbefehlshaber* n'étaient d'aucune efficacité quand elles touchaient des chefs d'un caractère aussi entier que le duc Albrecht de Wurtemberg. Certes, après chaque intervention du *Reichstag* (le plus souvent en séance de commission), le général von Stein revenait à la charge et priait les chefs militaires de tenir compte de la loi du 4 décembre 1916. Il est inutile de souligner davantage le peu de résultat de ses circulaires.

CHAPITRE VI

LE TRIBUNAL MILITAIRE D'EMPIRE

Son fonctionnement — Le maintien des expulsions
Exemples — Nouvelles sanctions

Quant à ceux de nos compatriotes, victimes des mesures prises par les chefs militaires, il leur restait en fin de compte la faculté de porter leur cas devant le tribunal militaire d'Empire. Il faut le reconnaître en toute impartialité : le tribunal a fait toute la lumière sur certains cas et beaucoup d'Alsaciens-Lorrains ont pu obtenir gain de cause et se sont vus autorisés à rentrer en Alsace. C'étaient les cas bénins ou encore ceux qui reposaient sur une injustice flagrante. Mais parfois aussi, les chefs militaires faisaient preuve d'un remarquable entêtement et opposaient leur veto aux sentences des juges militaires, qui devenaient ainsi inopérantes.

Il arrivait même souvent que les chefs et les juges du tribunal militaire d'Empire s'entendissent comme larrons en foire pour rendre complètement illusoire la loi du 4 décembre 1916. La chose était des plus faciles. Le tribunal militaire d'Empire, en effet, qui siègeait à Charlottenbourg, avait une compétence limitée pour les cas prévus par la loi sur l'état de siège. Dès qu'il s'agissait d'une affaire que les chefs militaires préféraient ne pas livrer au public, le trop fameux *Kriegsrecht* était invoqué et l'affaire classée. En d'autres termes: tout dépendait du bon vouloir des chefs militaires. Etait-ce là ce qu'avait voulu le *Reichstag* en élaborant la loi sur la *Schutzhaft?* On serait en droit d'affirmer que le tribunal de Charlottenbourg n'avait été créé que pour laisser les mains libres aux généraux. Le *Reichstag* avait pensé que la loi du 4 décembre 1916 amènerait les chefs militaires à procéder à un examen minutieux et surtout impartial de tous les cas de *Schutzhaft* et de séjour forcé. On a vu dans le chapitre précédent avec quelle bonne grâce parfaite certains chefs militaires, tel que le duc Albrecht de Wurtemberg, s'étaient appliqués à cette besogne de justice! Le général von Stein, il est vrai, a pu écrire un jour que le gouverneur de Metz avait autorisé un certain nombre de Lorrains à quitter l'Allemagne pour rentrer chez eux. C'était une louable exception. Il n'en fut pas de même en Alsace. Les chefs militaires, qui avaient expédié tant de nos compatriotes dans les contrées les plus reculées de l'Allemagne, tenaient énergiquement à les y laisser. Il faut bien reconnaître que la police civile, active pourvoyeuse des bureaux militaires, s'évertuait, de son côté, à entretenir autour des déportés et de ceux qui se trouvaient en *Schutzhaft* une véritable atmosphère de suspicion. Quelques exemples que nous allons citer le démontreront clairement, et une fois de plus on se rendra compte qu'un rapport de police est presque toujours sujet à caution.

[cas Zuber]

Le 16 mai 1917 (rapport n° 12199), le général von Suesskind du *Generalkommando* de Strasbourg décidait le maintien de l'expulsion de M. Pierre Zuber, industriel, à qui la ville de Cassel avait été assignée comme domicile forcé.

On lit dans ce rapport: « Depuis 1903, M. Zuber était soupçonné de pratiquer l'espionnage pour la France où habitent plusieurs de ses parents. Sa qualité de membre du *Souvenir Français* le désigne comme incontestablement animé de sentiments francophiles. Au cours d'une perquisition, effectuée à son domicile, on a découvert toute une collection de lettres et de cartes, écrites en français. Sur une de ces cartes, on a relevé le quatrain suivant:

Vive à jamais la France
Dans l'espace sans fin !
Que ce cri d'espérance
S'envole jusqu'au Rhin.

« Le fils de M. Zuber est porté comme déserteur. Un mandat d'amener a été lancé contre lui. M. Zuber exerce une réelle influence sur la société strasbourgeoise; son retour dans la zone fortifiée créerait un sérieux préjudice à l'Empire. »

Il est inutile de se livrer au moindre commentaire. La police avait décrété que M. Zuber était suspect et cela suffisait amplement au général von Suesskind.

[cas Holweck]

Le 25 janvier 1917 le même *Generalkommando* décidait de maintenir en séjour forcé M. Ernest Holweck, aubergiste de Schirmeck, arrêté le 30 septembre 1914. Le rapport de police concernant M. Holweck est non moins typique que le précédent. On peut en juger par ce qui suit: « M. Holweck professait, avant la guerre, des sentiments nationalistes. Quand, en août 1914, les Français entrèrent à Schirmeck, on dansa chez lui. L'Alsace-Lorraine appartenant à la zone des opérations militaires et des étapes, l'expulsion d'un personnage politiquement aussi douteux que lui est nécessaire, car sa présence dans le pays constituerait un sérieux danger pour l'Empire. »

M. Holweck ne s'était pas accommodé de cette décision du *Generalkommando*. Ainsi que la loi l'y autorisait, il interjeta appel devant le tribunal militaire d'Empire qui, cela va sans dire, rejeta la demande de l'aubergiste de Schirmeck. Le tribunal avait fait siennes les objections du *Generalkommando.* On lisait dans les attendus ce qui suit: « Le dossier démontre que M. Holweck a fait preuve de sentiments francophiles avant et pendant la guerre. Sa présence en Alsace-Lorraine serait un danger pour la sécurité des opérations militaires et aussi pour celle de l'Empire. Ce danger peut être évité en maintenant l'expulsion de l'intéressé ». Il ressort que la décision, prise par le *Generalkommando,* et la sentence prononcée par le tribunal militaire d'Empire, se sont inspirées du rapport de police. Les chefs militaires et les juges de Charlottenbourg se sont bornés à le copier servilement.

[cas Zimmermann]

Le cas de M. Zimmermann, pharmacien à Mulhouse-Dornach, est plus significatif encore.

Le 31 août 1914, sur le coup de 9 h. 30 du matin, deux soldats, baïonnette au canon, l'arrêtaient dans sa pharmacie. Dans un récit que M. Zimmermann adressait le 20 mars 1917 à M. Charles Hauss, député du *Reichstag,* le pharmacien écrivait: « Je fis observer aux soldats, qui venaient de m'arrêter, que cette arrestation reposait évidemment sur une erreur. Le caporal qui accompagnait les hommes, me répondit que je ne serais incarcéré que passagèrement. Aussi bien ne devais-je emporter qu'un peu de linge et quelque argent. Transféré tout d'abord à l'hôtel de ville de Dornach, j'y trouvai deux compatriotes. On nous mena devant un capitaine qui nous annonça que les habitants de Dornach avaient pris part à la bataille du 19 août et que, pour cette raison, les autorités militaires avaient décidé d'emmener des otages. De Dornach, on nous transféra à Mulhouse et de là, à Mullheim (Bade). On se mit en quête d'un logement pour nous, mais ces bons Badois se refusaient absolument à héberger des « espions ». C'est tout juste si nous pûmes découvrir un gîte dans une auberge. Une requête adressée au *Generalkommando* du XIVe corps d'armée, dans laquelle nous demandions à être entendus par la justice militaire afin de nous justifier, resta sans réponse. Un rapport adressé à Sa Majesté l'Empereur n'eut pas plus de succès. Plus tard, il fut établi que la population civile de Dornach ne s'était pas rendue coupable des actes qu'on lui reprochait. Pourtant les raisons qui avaient amené notre arrestation et notre envoi en Allemagne comme otages n'existaient plus. Cependant, on nous maintint en prison. Sept mois plus tard seulement, nous apprîmes, par un assesseur du directeur d'arrondissement de Mulhouse, qu'on nous rendrait la liberté, mais que nous ne serions pas autorisés à rentrer à Dornach, ni même dans une autre localité d'Alsace-Lorraine. Nous devions choisir une résidence au nord de la ligne du Main, Francfort et Wiesbaden exceptées. Nous nous décidâmes pour Dresde.

« Pendant notre séjour dans cette ville nous devions nous présenter deux fois par semaine à la police. Nous jouissions, pour commencer, d'une liberté relative. Mais elle fut de courte durée. On m'ordonna, un beau jour, et sans m'expliquer pourquoi, de quitter Dresde et d'établir mes pénates à Sayda (Saxe), petite localité de douze cents âmes. Convaincu que tout citoyen peut en temps de guerre comme en temps de paix faire valoir ses droits, j'espère bien pouvoir défendre mon cas devant un tribunal. Une demande formulée dans ce sens a été adressée au ministère de la guerre. La direction d'arrondissement de Mulhouse s'est chargée de me faire connaître la réponse en date du 14 mars 1917. Cette réponse, la voici: « Votre demande se trouve rejetée du fait du *Kriegsrecht.* » Et M. Zimmermann note entre parenthèses: « Il m'a été impossible jusqu'ici de découvrir une loi sur le *Kriegsrecht* ». On peut ajouter que M. Zimmermann aurait pu longtemps prolonger ses recherches avant de découvrir quoi que ce fût.

[cas Lau]

Le 25 janvier 1917, par ordre du *Generalkommando* du XVe corps d'armée, l'arrêté d'expulsion rendu contre M. Lau, industriel à Munster (Haut-Rhin), était maintenu pour les raisons suivantes: « Dans les premiers jours de la mobilisation,

M. Lau a invité M. Spindler, représentant de commerce à Colmar, à faire parvenir au directeur de la Maison Hartmann, parti pour la France, des correspondances en français et en allemand. Le premier télégramme que M. Lau priait M. Spindler d'expédier contenait la phrase suivante: « On appelle sous les drapeaux tous les hommes de 17 à 45 ans ». Accusé de haute-trahison, M. Lau n'a pu être poursuivi parce que M. Spindler a déclaré être fermement convaincu que M. Lau avait perdu la tête à la suite de soucis causés par l'avenir de sa fabrique. Cette tentative de disculper M. Lau n'a pas écarté la suspicion qui pesait sur lui. Il faut tenir compte du fait que la direction et une bonne partie du personnel de la maison Hartmann étaient animés de sentiments francophiles. Le maintien de M. Lau en séjour forcé semble donc justifié. L'Alsace-Lorraine est un pays limitrophe, qui fait partie du territoire des opérations militaires. L'expulsion de M. Lau est nécessaire, si nous voulons éviter qu'il ne fasse courir un danger à l'Empire. »

[cas Bourson]

Le 26 juin 1917, la question du maintien de l'expulsion d'un journaliste de Strasbourg amenait le gouvernement militaire à poser à M. von Lautz plusieurs questions. Les militaires tenaient à savoir d'une façon précise si l'expulsion de ce publiciste reposait sur des faits bien fondés. On conviendra qu'ils y avaient mis le temps. Le journaliste en question avait été arrêté, avec deux autres de ses confrères, quatre jours avant la déclaration de guerre, retenu en prison pendant plus de deux ans et interné ensuite dans une localité de l'Allemagne du nord. Et voici que subitement les chefs militaires s'avisaient d'examiner son cas! Ils voulaient savoir si M. Bourson (il s'agit de lui) était animé d'une haine ardente *(glühender Hass)* contre l'Allemagne et si les rapports de police étaient de nature à justifier son éloignement de la zone fortifiée de Strasbourg. Le gouvernemnt militaire posait notamment les questions que voici : « Existe-t-il des preuves que M. Bourson, en sa qualité de rédacteur au *Journal d'Alsace-Lorraine*, au *Nouvelliste d'Alsace-Lorraine* et de correspondant du *Matin* ait publié des articles dirigés contre l'Allemagne et de nature à exciter les passions des masses ?

« Existe-t-il des preuves que M. Bourson ait documenté *Le Matin* dans deux affaires retentissantes, notamment en ce qui concerne un entretien confidentiel de Sa Majesté l'Empereur avec le Maire de Strasbourg, le docteur Schwander?

« Est-il exact, que M. Bourson ait pu entrer en possession des projets de lois d'exception, tenus secrets au Ministère Impérial d'Alsace-Lorraine? »

Le 2 juillet 1917, le *Generalkommando*, après avoir consulté les rapports de police, concluait:

« Nous n'avons aucune preuve. Toutefois, il est indiscutable que Bourson, en sa qualité d'écrivain politique, a fait paraître des articles dans le *Journal d'Alsace-Lorraine* et dans le *Nouvelliste,* deux organes chauvins connus pour ne publier que des articles anti-allemands. En ce qui concerne *Le Matin,* la collaboration de Bourson à ce journal a été des plus actives. Il est hors de doute, que c'est lui qui a documenté ce journal, estimé à bon droit le plus chauvin. Il est également établi que Bourson faisait partie de la clique (*sic*) des Blumenthal et consorts, qui considéraient la lutte contre la civilisation allemande comme leur but suprême. Bourson avait de nombreuses relations personnelles en France. Quantités de cartes de visite ont été trouvées à son domicile. Toutes portaient des noms de Français. Une seule était allemande: celle d'un correspondant de journal. Une carte de M. Henri Domelier, rédacteur à Charleville, portait ce texte: « Vous êtes encore en train de subir les persécutions allemandes! Pauvre Alsace! Quand donc aurons-nous le courage de la sauver? » Il est bien évident que ce M. Domelier ne pouvait écrire ces choses-là qu'à un ami professant les mêmes opinions que lui. Bourson a un proche parent officier français. On a retrouvé également deux cartes d'entrée pour la Chambre des députés. Bourson semble avoir assisté aux séances où il fut question de la loi de 3 ans. En 1914, il faisait partie du Touring-Club Vosgien, association qui ne comptait que des Alsaciens germanophobes. Tout, dans ses relations et son activité, respire la haine de l'Allemagne. Nous joignons au dossier les cartes de visite de deux députés nationalistes du *Landesausschuss* et du *Landtag:* M. Kuebler, notaire, et le docteur Pfleger. Nous joignons également celle de M. Alexis Samain, président de la trop fameuse *Lorraine Sportive.* D'autre part, Bourson faisait partie du comité d'honneur du monument français de Wissembourg aux côtés des Gunzert et des Laugel. Lors d'une dernière perquisition à son domicile, on a trouvé de nombreux imprimés germanophobes, entre autres, une cathédrale de Strasbourg pavoisée aux couleurs françaises. La France se rendait compte de l'activité de Bourson, puisqu'en 1913, l'Académie de Nancy lui a délivré un prix de dévouement. Il n'est pas possible d'établir comment Bourson s'est procuré les projets de loi secrets. »

Le rapport prenait fin sur ces mots: « Nous insistons formellement sur l'absolue nécessité de retenir Bourson en Allemagne. »

[cas Walter]

Le cas de M. Charles Walter, débitant à Barembach et de son épouse Eugénie, née Braun, emprisonnés et ensuite expulsés à Feldberg (Mecklembourg-Strelitz) est assez caractéristique.

Le 13 juillet 1917, l'*Obermilitärbefehlshaber*

écrivait: « Madame Walter est née Française. Elle a été condamnée le 7 février 1916 à six mois de prison pour avoir distribué des brochures contenant des prophéties germanophobes. Les sentiments anti-allemands du mari sont également bien connus. Il était suspect d'espionnage déjà avant la guerre. Quant Barembach fut occupé par les Français, en août 1914, il offrit l'hospitalité à six officiers, qui le traitèrent en ami. Les soldats français ne lui payaient le vin que 60 centimes, et il le tarifait aux soldats allemands un mark. Il n'a opposé aucune objection à son fils quand celui-ci quitta l'Alsace pour se rendre en France, peu de temps avant la mobilisation. Son fils s'est donc soustrait à l'obligation du service militaire dans l'armée allemande. La commune de Barembach s'est d'ailleurs toujours fait remarquer par ses sentiments germanophobes. Il faut s'opposer au retour des Walter à Barembach pour des raisons qui intéressent la sûreté de l'Empire et les opérations militaires. »

Les exemples que nous venons de citer, permettent de se rendre compte que le maintien d'une expulsion était souvent confirmé par les chefs militaires sur la foi de rapports policiers, dont la rédaction mêlait très souvent le grotesque à l'absurde. Parfois les chefs militaires s'empressaient de produire des documents, ne fût-ce qu'une simple lettre, pour essayer de justifier leur attitude intransigeante.

[cas Mme Cerff]

Tel est le cas de Mme Pierre Cerff, née Juliette Dezavelle, domiciliée à Lessy près de Metz. Le *Generalkommando* écrivait à l'*Obermilitärbefehlshaber :* « La lettre écrite par Madame Cerff reflète bien ses sentiments perfides et son désir de voir la France victorieuse. Entre les lignes, on devine des remarques malicieuses sur l'Allemagne, notamment sur les privations que nous sommes obligés de nous imposer. Cette lettre établit clairement la haine de Madame Cerff pour sa propre patrie. Si ce document était tombé aux mains de l'ennemi, celui-ci n'eût pas manqué de l'exploiter contre l'Allemagne. On l'aurait reproduit dans la presse française afin « d'enflammer les sentiments de tous en faveur des frères opprimés d'Alsace-Lorraine ». Le séjour d'une personne aussi germanophobe et aussi perfide, à proximité d'une gare de la zone des opérations militaires, constituerait un sérieux danger pour l'Empire ». Telle était la conclusion du rapport du *Generalkommando* sur Mme Cerff.

[cas Kastler]

Un habitant de Belmont, M. Kastler, envoyé en séjour forcé à Tuechel (Prusse Occidentale), avait adressé une demande à l'*Obermilitärbefehlshaber* pour obtenir son retour en Alsace. Le rapport de police français au *Generalkommando* disait ce qui suit :

« M. Kastler est un germanophobe avéré. En sa qualité de greffier de la commune il essayait, par tous les moyens possibles, de rendre illusoires les mesures d'ordre économique prises par l'autorité militaire. Ses sentiments anti-allemands sont démontrés par les propos suivants, qu'il a tenu après l'offensive allemande : « Les Allemands sont arrivés au même degré qu'une bête qui va crever et qui envoie une dernière ruade ». On ne peut tolérer un individu aussi douteux dans la gare d'un corps d'armée. Il pourrait exercer une fâcheuse influence sur la population et causer un grave préjudice aux opérations militaires. »

[cas Munck]

On a vu, par le cas de M. Walter, de Barembach, que les autorités militaires s'en prenaient aux parents quand elles ne pouvaient atteindre les enfants. M. Alfred Munck, de Rosheim, Conseiller Général du Bas-Rhin, devait également éprouver, à cause de son fils, tous les effets de la rancune allemande. Pendant la guerre, M. Alfred Munck avait été expulsé et envoyé en séjour forcé à Paderborn. Conformément à la loi du 4 décembre 1916, son cas fut examiné. Voici, ce que le *Generalkommando* du XVe corps d'armée écrivait sur le compte de ce Conseiller Général du Bas-Rhin.

«M. Munck a fait partie du *Souvenir Alsacien-Lorrain*, société qui succéda au *Souvenir Français* quand celui-ci fut dissout par ordre en Alsace-Lorraine. Le *Souvenir Alsacien-Lorrain* poursuivait le même but que le *Souvenir Français*. Prétextant le culte des morts, il cherchait à entretenir vivant, dans la population d'Alsace-Lorraine, le souvenir de la France. Il préparait même le détachement de l'Alsace-Lorraine de l'Empire allemand. En sa qualité de président de la Section de Rosheim, M. Munck est responsable des sentiments germanophobes que professaient les membres de cette Société. M. Munck entretenait des relations suivies avec M. Anselme Laugel, ancien député au *Landesausschuss*, traître à la patrie. Le fils Munck est déserteur; il séjourne en France. Ce jeune homme a publié en 1911, comme membre du Cercle des Etudiants alsaciens-lorrains, un article extrêmement germanophobe qui nécessita son renvoi de l'Université de Strasbourg. On peut dire: tel fils, tel père. M. Munck père a été expulsé par ordre du Gouverneur Militaire de Strasbourg. Etant donné ses sentiments nettement anti-allemands, sa présence à Rosheim serait de nature à troubler la population. Nous estimons que son expulsion doit être maintenue.»

Il ressort de la publication de ces rapports que la conclusion uniforme de l'autorité militaire était toujours la suivante: « Il faut maintenir l'expulsion ». Cependant le tribunal militaire d'Empire (on ne saurait assez le répéter) avait été institué pour se prononcer, il va s'en dire, en toute impartialité, sur les cas dont il était saisi par un compatriote. Or, que se produisait-il? les chefs militaires pouvaient opposer librement leur veto aux décisions du tribunal; celui-ci, d'ailleurs s'abouchait avec eux, quand le tribunal militaire d'Empire n'osait prendre une décision. Or, il invoquait tout bonnement le *Kriegsrecht*.

Dans une lettre d'un Alsacien expulsé à l'un de ses amis, nous relevons le passage suivant: « Les débats au *Reichstag*, en date du 1er mars 1917, ont démontré à l'évidence que les autorités militaires ne tiennent nullement compte de la loi. Quand il s'agit pour elles de décliner toute responsabilité, elles font valoir que la loi n'étend pas son application aux faits, qui se sont déroulés dans la zone des opérations militaires. Quand un avocat exprime le désir de consulter un dossier, on lui répond que ce dossier doit rester secret, qu'il contient des documents intéressant la défense militaire. Cela ne tient pas debout, car, je connais le cas d'un Alsacien qui était expulsé uniquement parce que son fils était porté déserteur. »

La loi du 4 décembre 1916 stipulait que les expulsés et les intéressés avaient le droit de connaître les motifs des sanctions prises contre eux. Or, voici ce qu'écrivait M. Lapied, curé de Semécourt près Metz, en séjour forcé à Huenfeld, depuis le 2 mai 1915: « Je vous envoie copie d'une lettre qui vient de m'arriver de Berlin. A la lire, vous pourrez vous rendre compte combien l'autorité militaire respecte peu la loi. On ne veut même pas m'indiquer les raisons pour lesquelles j'ai été expulsé. Me voilà Gros-Jean comme devant. Dans ces conditions comment voulez-vous que je puisse me défendre? »

On objectera peut-être que les juges militaires se trouvaient en présence de plusieurs centaines de dossiers dont l'examen demandait forcément beaucoup de temps. C'est en partie exact. Il est évident pourtant qu'ils cherchaient à faire traîner les choses en longueur. On relève, en effet, en marge d'innombrables dossiers u. e petite note disant: *nach dem Krieg,* c'est-à-dire à étudier après la guerre. Cette note marginale indique autre chose encore. Elle signifie clairement qu'après la guerre, après une guerre victorieuse pour l'Allemagne bien entendu, d'autres mesures de rigueur seraient prises contre les intéressés. Nous aurons l'occasion de revenir sur ce sujet dans un autre ouvrage.

En attendant, l'autorité militaire s'inquiétait peu des réclamations des députés. Fin 1917 et au début de 1918, nous voyons les chefs militaires des XVe et XXIe corps d'armée mettre plus d'acharnement que jamais à procéder aux expulsions. Il arrive souvent qu'on laisse s'écouler un certain laps de temps avant d'exécuter l'ordre d'expulsion et il se passe parfois plusieurs semaines avant la notification et l'exécution de la mesure. C'est pourquoi, une circulaire confidentielle de la section d'armée A (13 mai 1918) disait: « Cette manière de procéder est grosse d'inconvénients. Quelques-uns de ceux qui devaient être expulsés, ont pu rester encore plusieurs semaines chez eux. Ils ont essayé d'impressionner la population en leur faveur. Dans un cas, on a même adressé une demande collective recouverte de nombreuses signatures au Commandant en Chef de l'Armée d'Alsace. Nous ne voulons pas que pareil fait se reproduise, car les intéressés pourraient influencer des témoins à décharge et les faire déposer ensuite à Charlottenbourg. D'autres personnes ont adressé des recours aux chefs militaires, les priant de surseoir à l'expulsion. On ne fera d'exception que dans le cas où l'intéressé, gravement malade, ne serait pas transportable. Quand une expulsion ordonnée par nous a été exécutée par un *Generalkommando,* il n'est pas nécessaire de présenter le dossier si le délai de trois mois écoulé, l'expulsion doit être renouvelée. »

Il ressort clairement de cette circulaire que le Commandant en Chef de la Section d'Armée A. redoutait tout ce qui aurait pu militer en faveur des Alsaciens, expulsés sur son ordre. Les chefs militaires avaient évidemment leurs raisons pour sévir contre la population avec plus de vigueur encore que précédemment. Ils étaient très exactement renseignés sur l'état d'esprit qui régnait dans le pays. Des milliers de lettres avaient été interceptées et ces lettres, passées au crible de la censure, avaient éclairé les généraux sur les sentiments des Alsaciens-Lorrains restés au pays et de ceux qui avaient été mobilisés. Ils savaient que le nombre de désertions était très élevé. A leurs yeux, l'Alsace-Lorraine représentait vraiment un pays ennemi (*Feindesland*). Etant donné la mentalité des chefs militaires, on comprend qu'ils n'aient nullement éprouvé le besoin de soulager le sort des Alsaciens-Lorrains expulsés pour des raisons politiques. Au contraire, il suffit de compulser les circulaires et les arrêtés, lancés dans les derniers mois de la guerre, pour se rendre compte que l'on cherchait à multiplier les tracasseries et les chicanes.

Le 18 septembre 1917, une circulaire confidentielle du XVIe corps d'armée fait allusion à un rapport que lui adressait le ministère de l'intérieur du Grand Duché de Bade. Le ministre attirait l'attention du *Generalkommando* sur le fait, que de nombreux Alsaciens suspects s'étaient réfugiés, après leur expulsion, dans la zone du XIVe corps d'armée, notamment à Baden-Baden. On lit: « Dans la seule ville de Baden-Baden, vingt-deux Alsaciens suspects se trouvent réunis depuis le 1er janvier 1915. Vu le grand nombre d'étrangers qui séjournent dans cette ville, il n'est pas possible d'exercer une surveillance continue des Alsaciens. Nombre d'agents de police ont été mobilisés et nous ne pouvons nous porter garants d'une surveillance scrupuleuse (sic). Il ne faut pas oublier que ces suspects politiques font tout ce qu'ils peuvent pour porter un réel préjudice à l'Allemagne. On les voit entrer en relations avec les neutres en séjour à Baden-Baden. Défense a été faite aux soldats alsaciens-lorrains, suspects eux aussi, de rentrer chez eux. Ils passent la durée de leur permission à Baden-Baden. D'après les rapports de police, ces Alsaciens suspects se réunissent régulièrement à leurs domiciles ou dans certains restaurants. Presque chaque jour, ils reçoivent des visites d'Alsace, notamment de Strasbourg. Nous sommes témoins des relations constantes entre ces suspects et l'Alsace. Rien ne nous autorise à tolérer un pareil état de choses. Le *Generalkommando* est d'avis qu'il faut prendre des mesures pour empêcher cette circulation dangereuse *(sic).* »

En conséquence, on multiplia les rapports de police pour amener l'autorité militaire à refuser aux Alsaciens-Lorrains suspects le séjour dans le Grand Duché de Bade, dans les Provinces Rhénanes et le Palatinat. Voici, un cas qui est de nature à édifier le lecteur. Il s'agit d'un ordre d'expulsion prononcé par le *Generalkommando* du XXIe corps d'armée en date du 25 juillet 1918.

[cas Michel]

Nous le traduisons textuellement:

« Le curé Joseph Michel à Ommerey, près de Château-Salins, est né dans cette ville le 28 avril 1867. M. Michel remplit les fonctions de curé dans les deux communes d'Ommerey et de Ley en Lorraine. Ommerey est situé à 2 kilomètres ½ de la frontière et se trouve à proximité des tranchées. Les deux communes font partie du territoire de langue française. M. Michel est animé de sentiments germanophobes. Il les a manifestés en inculquant au clergé de sa région des dispositions qui nous sont défavorables. Lors des mesures de guerre, que nous avons prises, l'administrateur d'arrondissement avait ordonée à la population de profiter des dimanches et jours de fêtes pour accélérer les travaux de champs. Pendant l'été de 1917, le curé déclara du haut de la chaire: « On veut vous obliger à travailler le dimanche. Qui l'ordonne? Quelques-uns. Mais Dieu le défend et il faut obéir à Dieu plutôt qu'aux hommes ». Le chef de cantonnement ayant fait des remontrances au curé, ce dernier répondit: « Les lois de Dieu priment tout. En ce qui concerne l'administrateur d'arrondissement, il va trop loin ». L'officier le rendit attentif au fait que son attitude était celle d'un germanophobe. Le curé ne se rétracta point. Quand vint l'ordre d'enlever les cloches de l'église, il exprima son mécontentement en ces termes: « Mes chers frères, j'ai aujourd'hui une bien triste nouvelle à vous annoncer. Cette semaine, ils vont nous enlever nos cloches. Que veulent-ils en faire? Je vous en reparlerai plus tard ». On organisa, un jour, une collecte en faveur des équipages de nos sous-marins. Le curé s'empressa de s'y dérober et de ne rien verser. Il invita les habitants de sa paroisse à l'imiter. Il leur disait: « Abstenez-vous de verser quoi que ce soit. Nous manifesterons ainsi notre mécontentement ». Quand il fut question de lancer le sixième emprunt de guerre, il déclina l'honneur de faire de la propagande, sous prétexte qu'il ne s'occupait pas de ces sortes de choses. Il s'en allait répétant: « Les gens savent ce qu'ils ont à faire ». A l'occasion du 7e emprunt, il osa déclarer en chaire que personne n'était forcé de prendre part à une souscription pour une affaire ou pour une autre. Il y a tout lieu d'admettre qu'il faisait allusion à l'emprunt de guerre. De fait, l'emprunt n'a presque rien rapporté dans ce village.

« Chose significative, le curé s'abstient dans ses sermons de parler de la guerre ou de nos ennemis. Il évite tout rapport avec les soldats allemands et ne se montre d'aucune prévenance à leur égard. Il possède à Ley un potager, en friche. Il a fallu de longs pourparlers avant de le décider à en céder une partie à nos soldats qui y cultivent des légumes.

« Un jour, comme nos hommes ne parvenaient pas à faire marcher une machine à battre, parce qu'il manquait une petite roue, le curé leur dit d'un ton moqueur: « Je pourrais vous aider, mais je n'ai pas le temps. Je dois aller dire la messe! » Les soldats en ont conclu que le curé savait où était caché le rouage disparu.

« Michel avait fait imprimer des faire-part de décès en langue française. On attira son attention sur une ordonnance du 14 février 1915 portant que des imprimés de ce genre ne peuvent être expédiés que par la poste. M. Michel répondit: « Il est attristant (pour ne pas dire plus) qu'on ne puisse expédier des avis mortuaires rédigés en français. Dans quelle siècle vivons-nous donc? A coup sûr, pas dans celui du progrès. Et dans quel pays! Nous autres, Lorrains, nous avons été traités pendant de longues années en citoyens de quatrième classe. Tout prouve qu'on veut continuer. Il est beau d'aimer les langues étrangères, mais, aimer sa langue maternelle n'est-ce pas toute autre chose? et cependant on nous sert toujours la même devise: Pour le droit et la liberté, *Deutschland über alles.*

« La présence d'un pareil individu, qui exerce une grande influence sur la population, présente un danger incontestable pour les opérations militaires. Le Général Commandant la XIXe armée a demandé son expulsion. Pour écarter tout danger, son éloignement de l'Alsace-Lorraine s'impose. Il faudrait même lui interdire de séjourner dans les provinces limitrophes. Nous savons que les Alsaciens-

Lorrains, expulsés de la zone des opérations militaires, ont pris l'habitude de se fixer à la frontière et notamment dans le district de Sarrebruck. Il leur est donc facile de garder le contact avec les habitants de leur pays. Ainsi leur influence funeste continue de se manifester. Il faut veiller à ce qu'ils ne se réunissent pas à proximité de la frontière d'Alsace-Lorraine, et qu'ils ne puissent servir d'agents de liaison entre notre front et les espions ennemis. »

Le 25 mai 1918, l'avocat général près le tribunal militaire d'Empire s'était adressé au gouvernement militaire de Strasbourg pour savoir si les personnes ayant pu rentrer en Alsace avaient changé de sentiments *(sic)*. L'avocat général s'imaginait apparemment qu'un séjour prolongé dans une prison d'Outre-Rhin ou le fait d'avoir vécu pendant des années en domicile forcé, au milieu d'une population hostile, était de nature à amener les intéressés à professer des sentiments allemands. Cette lettre de l'avocat général, nous l'avons retrouvée dans le dossier de Mme Blind, de Strasbourg, condamnée à un mois de prison et expulsée en Poméranie. Le 3 juin 1918, le Gouverneur de Strasbourg répondait qu'aucun fait ne permettait de croire que les expulsés, rentrés au pays, eussent changé d'idées. Aussi s'opposait-il à ce qu'on autorisât les Alsaciens-Lorrains à rentrer chez eux. Il écrivait: « Les Alsaciens voient dans chaque ordonnance édictée contre leur libre activité, une preuve de la brutalité militaire. La population germanophobe d'Alsace-Lorraine considère chaque expulsion comme une injustice criante. Dès qu'une expulsion est annulée par le tribunal militaire d'Empire ou qu'une indemnité est accordée, l'élément anti-allemand n'en est que plus persuadé de la culpabilité du parti des militaires. La haine et l'exaspération de ces gens-là contre le *Deutschtum* ne connaissent alors plus de bornes. »

CHAPITRE VII

DERNIÈRE INTERVENTION DU REICHSTAG

La séance du 7 juin 1918 — Transformation de la loi du 4 décembre 1916 — Le régime des soviets

Les députés au *Reichstag,* cela va s'en dire, n'étaient pas sans savoir ce qui se passait dans la zone du groupe d'armées d'Alsace-Lorraine. La séance du 7 juin 1918 fut consacrée de nouveau à la question du *Schutzhaft.* Le vice-chancelier d'Empire, M. Helfferich, qui, en octobre 1916, avait si fortement indisposé le Parlement contre les chefs militaires à la suite de ses déclarations cassantes, n'était plus là. M. Wallraf, secrétaire d'Etat à l'office de l'intérieur, dut faire face à l'orage. Un député, socialiste, originaire de Metz, M. Hermann Wendel, prit la parole pour dénoncer, du haut de la tribune, l'illégalité des mesures prises par les chefs militaires et qui constituaient un défi à la loi élaborée par le *Reichstag.* Nous extrayons de son courageux discours les passages suivants: « Toute personne, tant soit peu intelligente, ne peut nier que l'Alsace-

Lorraine soit un pays frontière. La guerre se déroule sur une partie de ce territoire. Il est bien évident qu'il faut prendre là-bas d'autres mesures que s'il s'agissait du *Potzdamer Platz* ou de la *Leipziger Strasse* à Berlin. L'expression de *Kriegsnotwendigkeit* (nécessité de la guerre) est, je l'avoue, d'une profonde signification par le temps qui court. Mais les multiples tortures imposées aux Alsaciens-Lorrains, n'ont rien à voir avec ces nécessités. Même en envisageant la situation sous l'angle militaire, on ne comprend pas la raison de la plupart de ces mesures. On a puni sévèrement et cruellement les coupables. Il y avait aussi les innocents sur qui pesait un simple soupçon; acquittés, il furent cependant incarcérés et internés afin sans doute de leur apprendre ce qu'est le « bambou prussien ». Il est un fait incontestable: Au début de la guerre, des milliers d'Alsaciens-Lorrains ont été mis en *Schutzhaft*. Il s'agissait en l'occurrence non pas de personnes ayant joué un rôle actif dans la politique, mais de citoyens paisibles.

« Quand, dans l'armée, un soldat est mis aux arrêts, on mentionne l'événement dans une série de registres. Et, chaque fois on consigne le motif; la plupart du temps c'est parce qu'il n'a pas astiqué les boutons de son uniforme. En Alsace, des citoyens de nationalité allemande, fort honorables ont été séparés violemment de leurs femmes et de leurs enfants; on les a traités comme des criminels; on les a livrés aux insultes d'une population furieuse; on les a incarcérés, pendant des mois et des mois, dans des casemates humides et malsaines; on a compromis gravement leur honneur, leur liberté et leur fortune. Dans ce pays envahi par les bureaucrates et où, pour la plus petite pécadille, on entasse de la paperasserie, vous chercheriez en vain la moindre note écrite sur tout ce qui s'est passé.

« Le *Reichstag* s'est souvent plaint de ce que les autorités militaires d'Alsace-Lorraine ignorassent tout bonnement la loi du 4 décembre 1916. Les chefs militaires s'en vont répétant: tout ce que le *Reichstag* décide nous laisse absolument indifférents. En Alsace-Lorraine, nous sommes sur le territoire des opérations militaires. Nous continuerons d'y vivre joyeusement en nous réclamant du *Kriegsrecht* et sans nous préoccuper des autres lois. Malheureusement, le tribunal militaire d'Empire a toujours applaudi à cette manière de voir. Il suffisait qu'un chef militaire déclarât que les mesures prises par lui reposaient non sur la loi du 4 décembre 1916, mais sur le droit de guerre pour amener le tribunal militaire d'Empire à se déclarer incompétent.

« Certes, au cours d'une guerre, il n'y a pas de garantie constitutionnelle. Dans la zone du front, les chefs militaires ont le droit de faire procéder à l'évacuation de localités entières. Sans doute, ils sont autorisés à éloigner de cette zone certains individus sans, pour cela, invoquer les articles du code. Mais, si l'éloignement temporaire se transforme en expulsion de longue durée, il importe que l'intéressé puisse recourir à la loi. Il n'est pas admissible que la loi laisse subsister une brèche par laquelle s'infiltre l'arbitraire. Il faut espérer que le *Reichstag* y mettra bon ordre. C'est d'autant plus nécessaire que les chefs militaires se préoccupent très peu des décisions prises par le tribunal militaire d'Empire. »

Pour terminer, M. Hermann Wendel vint à parler de l'état d'esprit créé en Alsace-Lorraine par toutes les injustices commises par les militaires. Il rappela fort à propos le passage du professeur Funck Brentano dans ses *Souvenirs alsaciens*: « La population d'Alsace-Lorraine tremble de peur et de terreur devant l'Allemagne ». Il ajouta que toute personne tant soit peu au courant de la situation savait que la grande majorité de la population était aujourd'hui gagnée à la cause française.

Un autre député, M. Waldstein, eut à cœur de relever une déclaration faite par le secrétaire d'Etat de l'intérieur au cours de la même séance. M. Wallraf avait affirmé qu'exception faite de trois cas, toutes les affaires de *Schutzhaft* et de séjour forcé se trouvaient liquidées.

« Vous êtes mal renseigné, M. le secrétaire d'Etat, déclara le député, car vous semblez ignorer que la plupart des Alsaciens-Lorrains n'ont pas été autorisés à rentrer dans leur foyer une fois la *Schutzhaft* levée. Certes, on leur a fait savoir que rien ne pouvait être invoqué contre eux qui fût à même de justifier la détention ou le séjour forcé. Et cependant, on les maintient sur la rive droite du Rhin. » Le même député n'avait pas manqué d'attirer l'attention de ses collègues sur le fait que les chefs militaires qui commandaient en Alsace-Lorraine étaient tout bonnement des dictateurs. Pour éluder la loi du 4 décembre 1916, ils décidaient que l'Alsace-Lorraine était assimilée à un théâtre de guerre et que d'ailleurs le tribunal militaire d'Empire lui-même avait admis cet extraordinaire état de choses.

Nous ne croyons pas nécessaire d'insister sur ce qui fut encore dit au cours de cette séance du *Reichstag.* Il suffit d'établir que les députés n'étaient pas tous dupes des agissements et de l'arrogance des chefs militaires. Les députés clairvoyants (et il s'en trouvait au *Reichstag)* savaient que les abus étaient plus que jamais à l'ordre du jour, en dépit de la loi du 4 décembre 1916 et malgré la création du tribunal militaire d'Empire.

Un mois plus tard, commençait la contre-offensive française et il apparut aux chefs militaires allemands que la victoire leur échappait définitivement. Coûte que coûte, il fallait désormais compter avec l'opinion publique et le *Reichstag.* Mais les chefs militaires mirent du temps à se décider à modifier la loi du 4 décembre 1916 de manière à donner de sérieuses garanties aux Alsaciens-Lorrains, frappés par l'arbitraire allemand. Les changements apportés à la loi sur la *Schutzhaft* peuvent se résumer en ces quelques lignes: « Désormais les chefs militaires devront obéir strictement aux dispositions prises par l'*Obermilitärbefehlshaber,* celui-ci agira d'un commun accord avec le chancelier d'Empire ou son représentant. Ainsi, on reconnaissait, deux ans après la promulgation de la loi de la *Schutzhaft,* que *l'Obermilitärbefehlshaber,* institué pour empêcher les abus de se produire, n'avait été qu'un pâle fantôme. D'autre part, on se décidait *in-extremis* à faire respecter le paragraphe 17 de la loi du 4 juin 1851, qui stipule que toutes les atteintes à la liberté personnelle doivent être soumises à l'assentiment des représentants du peuple.

Ceci se passait, ainsi que nous venons de le dire, le 25 octobre. Or, trois semaines plus tard, les premiers symptômes de la Révolution allemande se manifestaient à Kiel, Wilhelmshaven et Hambourg. Le 8 novembre, le mouvement gagnait Francfort et de là s'étendait vers le sud. Les Alsaciens-Lorrains qui se trouvaient internés en Allemagne furent les témoins de scènes plus ou moins historiques qui se déroulèrent alors. Ils pensèrent, avec infiniment de raison, que l'heure de rentrer chez eux était venue. Ils se mirent en route. Ceux qui arrivèrent le 11 novembre à Strasbourg, trouvèrent la ville administrée par un conseil d'ouvriers et de soldats *(Arbeiter- und Soldatenrat)*. C'était en d'autres termes un soviet, par abréviation S.- und A.-Rat. Dans une séance du 12 novembre 1918, ce conseil des soldats et des ouvriers prit une décision aux termes de laquelle toutes les arrestations et expulsions politiques ordonnées sous l'ancien régime devaient être rapportées. L'initiative de cette mesure doit être attribuée aux Alsaciens membres du soviet. D'autre part, les Allemands, qui avaient gardé la haute main dans ce comité soi-disant révolutionnaire, pensaient qu'il était de bonne politique de faire croire aux Alsaciens que l'heure de la justice avait sonné. Il ne faut pas oublier qu'à cette époque-là, les innombrables Allemands d'Alsace-Lorraine cherchaient à créer un fort courant neutraliste dans le pays. Des réunions publiques avaient eu lieu dans plusieurs villes; des affiches avaient été placardées; des télégrammes expédiés au Président Wilson. Cette propagande allemande tendait manifestement à gagner les Alsaciens-Lorrains à l'idée d'une Alsace-Lorraine autonome, indépendante, mais, cependant, incorporée dans le cadre allemand. On pensait aussi que les socialistes français feraient cause commune avec les soviets allemands et que de cette façon une bonne petite révolution française éviterait à l'Allemagne les duretés d'un traité de paix trop rigoureux. C'est dans ce but que furent rapportées les mesures arbitraires prises contre les Alsaciens. En outre on décida de détruire, d'un commun accord avec les militaires, les documents secrets.

Nous n'entreprendrons point de faire ici, l'historique des six dernières semaines de l'occupation allemande en Alsace-Lorraine. Mais, on nous permettra de rappeler la fameuse nouvelle de la « *Strassburger Post* » sur la Révolution qui venait d'éclater en France, la fuite de M. Poincaré, Président de la République, et l'assassinat du maréchal Foch. Nous aurons d'ailleurs, l'occasion d'y revenir dans un prochain ouvrage.

LISTE DES ALSACIENS AYANT ÉTÉ EXPULSÉS ET MIS EN SCHUTZHAFT PENDANT LA GUERRE

(Cette liste n'est pas complète. D'autre part le nombre des jours de prison, de domicile forcé et de domicile libre est celui qui a été établi par la commission de répartition des indemnités aux proscrits)

Nom	Domicile	Prison	Domicile forcé et internement	Domicile libre
	A			
Aaron, Paul	Dieuze	142	—	389
About, Louis	Dieuze	270	—	247
Aby, Emile	Biederstal	—	67	—
Achener, Charles	Mulhouse	111	1247	—
Acker, René	?	47	1112	—
Ackermann, Adèle	Mulhouse	79	1299	—
Ackermann, L. A.	Sarrebruck	—	—	1157
Adam, Camille	Mulhouse	395	347	—
Adam, Marie C.	Mulhouse	14	666	588
Adam, Barbe (sœur Hildegard)	Metz	—	1051	—
Albrecht Marie	Mulhouse	32	—	1177
Allary, Alphonse	Vigy	—	960	—
Alliot Lucienne,	Metz	124	—	1204
Allogi, Joseph	Pfastatt	138	355	—
Amann, Auguste	Strasbourg	93	723	101
Ambiehl, Alphonse	Neuf-Brisach	375	185	—
Amstoutz, Camille	Guebwiller	—	—	863
Amstoutz, Hélène	Guebwiller	9	863	—
Amstoutz, Paul	Guebwiller	128	768	—
Amstoutz, Pierre	Guebwiller	—	609	—
Ancel, Charles	Orbey	125	863	548
André, Marguerite	Metz	62	312	—

Nom	Domicile	Prison	Domicile forcé et internement	Domicile libre
André, Nicolas	Metz	60	—	300
Andrés, Julie	Mulhouse	79	1299	—
Antony, Xavier	Mulhouse	172	781	—
Arbogast, Auguste	Seppois-le-Bas	92	1289	—
Auburtin, Emile	Jouy-aux-Arches	—	319	—
	B			
Babirer, Adolphe	Gresswiller	80	293	—
Babe, Joseph	Courtavon	—	294	—
Bach, Philippe	Metz	—	925	—
Bach, Marie	Metz	—	925	—
Bailer, Dominique	Thionville	6	700	—
Baldenweck, Georges	Colmar	—	721	114
Baldenweck, Josephine	Colmar	—	721	114
Bansept, Eloi	Urbeis	—	687	—
Barba, Joseph	Gorze	—	280	—
Barbaras, Charles	Colmar	—	219	500
Barbe, Jean-Pierre	Moyeuvre	57	881	—
Baret, Joseph	Moyeuvre	57	818	—
Barroyer, Marie	Aboncourt	413	—	329
Barth, Marguerite	Sierentz	205	1067	—
Barth, Jeanne	Sierentz	67	1267	—
Barthel, Gabrielle	Rombas	260	472	102
Barthel, Georges	Illkirch	7	93	—
Barthélémy, Augustin	Sablon	—	—	894
Basch, Emile	Rombas	210	927	—
Bastien, Auguste	Avricourt	48	476	—
Bastien, Jean	Aulnoy	100	17	483
Bastien, Jeanne	Avricourt	41	701	—
Baudinet, Albert	Metz	—	427	—
Baudisson, Lucien	Metz	—	1083	—
Baudoire, Auguste	Vic	335	819	—
Baudry, Gustave	?	54	1185	223
Bauer, Jules-Charles	Schiltigheim	366	977	—

Nom	Domicile	Prison	Domicile forcé et internement	Domicile libre
Baumann, Jules	Ste-Marie-aux-Mines	48	669	—
Baumann, Thiébaut	Mulhouse	—	1127	—
Bazin, Charles	Metz	—	607	—
Bazin, Charles	Gorze	212	764	—
Beaux, Henri	Strasbourg	106	273	—
Beck, Edouard	Metz	—	517	—
Bechtel, François	Mulhouse	123	625	—
Becker, Céleste	Dalhain	471	—	1082
Beckert, Joseph	Mulhouse	60	138	—
Bedez, Jean-Baptiste	Orbey	372	669	540
Belfort, Victor	Wittenheim	—	431	—
Bellinger, Jean	Metz	15	—	404
Bemer, Charles	Metz	—	—	23
Bena, Henri Jean	Metz	—	419	—
Bena, Lucien	Turquestein	63	774	110
Benoit, Justin	Ranrupt	38	1362	—
Benzinger, Joseph	Brunstatt	84	1160	—
Bergantz, Jules	Mulhouse	158	405	416
Bergs, Joseph	Mulhouse	1101	437	—
Beringer, Charles	Soultz (Haut-Als.)	721	37	306
Bernard, Jeanne	Paris	589	718	—
Bernheim, Emma	Mulhouse	—	744	—
Bernheim, Léon	Mulhouse	—	744	—
Bernheim, Suzanne	Mulhouse	—	744	—
Berren, Joséphine	Eichhoffen	134	608	—
Bertrand, Henri	Strasbourg	58	241	—
Betsch, Georges	Destry	213	—	334
Bieglé, Joseph	?	42	14	—
Biehler, Joseph	Guebwiller	—	—	1038
Bielmann, Louis	Mulhouse	128	1218	—
Bier, François Louis	Metz	8	—	970
Bigaré, Auguste	Metz	—	—	846
Bigaré, Camille	Metz	—	—	602

Nom	Domicile	Prison	Domicile forcé et internement	Domicile libre
Bihler, Célestine (mère)	Lutterbach	—	253	—
Bihler, Célestine (fille)	Lutterbach	—	—	805
Bihler, Isidore	Lutterbach	—	253	—
Bildstein, Anne	Buhl	—	750	—
Billig, Anastase	Bourgfelden	—	145	—
Bindler, Arthur	Mulhouse	85	1294	—
Binger, Josephine	Mulhouse	200	—	715
Binnert, Marcus	Morange	68	17	552
Bir, Denis	Soultz	—	421	—
Biringer, Erneste	Bantzenheim	48	1062	—
Birlinger, Albert	Lutterbach	44	693	67
Bischoff, Alfred	Gerstheim	—	526	—
Bitzer, Gottlieb	Mulhouse	65	—	598
Bleicher, Albert	Colmar	1	106	—
Bleily, Auguste	Molsheim	188	696	400
Blind, Joseph	Waldighofen	168	383	—
Blind, Marguerite	Strasbourg	31	1397	—
Bloch, Adrien	Mulhouse	—	872	—
Bloch, Mme	Mulhouse	—	872	—
Bloch, Léon	Grussenheim	—	408	—
Blumenstein, Madeleine	Hettange	183	1223	—
Bob, Virginie	Colmar	477	616	471
Bœglin, Charles	Landau	263	297	214
Bœs, Charles	Mulhouse	184	231	847
Bœs, Amélie	Mulhouse	251	231	847
Bœschlin, Jean	Strasbourg	60	447	—
Bohler, Édouard	Dornach	55	—	1257
Bohrer, Madeleine	Dornach	66	626	—
Boisteaux, Lucien	Metz	—	—	902
Boisteaux, Mme	Metz	—	—	892
Boll, Louis	Colmar	81	1289	—
Bolzinger, Jean-Nicolas	Metz	—	677	—
Bonichot, François	Saint-Ulrich	283	797	—
Bonigen, Nicolas	Metz	—	818	—

Nom	Domicile	Prison	Domicile forcé et internement	Domicile libre
Boog, Josephine	Walscheid	52	—	1105
Boos, Eugène	Illzach	62	—	1287
Boteurs, Georges	Bourtzwiller	93	680	—
Boulanger, Charles	Strasbourg	—	—	880
Boulanger, Madèleine	Altkirch	—	—	880
Boulanger, Isabelle	Altkirch	—	—	880
Bour, Clément	Sarrebourg	217	550	298
Bour, Denis	Metz	3	1159	—
Bour, Jean	Dieuze	173	340	417
Bour, Lucien	Metz	—	36	—
Bourrion, Paul	Metz	—	346	—
Bourson, Paul	Strasbourg	781	409	—
Bouvier, Charles	Montigny	168	—	424
Brand, Marie	Risbach	730	789	—
Brandt, Henri	Mulhouse	—	439	61
Brandt, Julie	Mulhouse	—	439	61
Brandstetter, Charles	Ste-Marie-aux-Mines	206	1181	—
Braun, Antoine	Neuf-Maison	235	761	—
Braun, Catherine	Abrestroff	369	—	731
Braun, Paul	Remelfing	123	1441	—
Braun, Prosper	Niederhaslach	14	1198	—
Brazis, Léon	Mulhouse	85	1034	—
Bresch, Joseph	Colmar	178	510	—
Bresson, Joseph	Eguisheim	299	—	798
Brettnacher, Jacques	Montigny	81	208	—
Briclot, Emile	Metz	—	557	827
Brigard, Quirin	Dalhain	34	66	—
Brindel, Désiré	Lafrimbolle	—	1041	—
Brion, Anette	Strasbourg	—	—	805
Britzel, Cécile	Lutterbach	—	716	—
Britzel, Louis	Lutterbach	—	716	—
Brœsch, Jean	Breitenbach	12	—	549
Brungard, Antoine	Ueberkumen	368	861	419
Buckel, Daniel	Hagondange	—	—	822

Nom	Domicile	Prison	Domicile forcé et internement	Domicile libre
Buhl, Georges	Colmar	—	168	491
Bumer, Jacques	Mulhouse	—	281	—
Burz, Philippe	Wissembourg	186	783	—
Burger, Georges	Colmar	350	872	—
Burlen, Xavier	Kaysersberg	89	1428	—
Buser, Berthe	Strasbourg	—	629	129
Buser, Edouard	Strasbourg	106	723	129
Butin, Erneste	Dalhain	471	72	—
Butterlin, Paul	Villé	—	181	—

C

Nom	Domicile	Prison	Domicile forcé et internement	Domicile libre
Cabosel, Emile	Basse-Récourt	—	538	—
Calamme, Emile	Metz	365	756	—
Canal, Josephine	Soultz	—	1227	—
Candau, Erneste	Metz	—	—	1013
Caspar, Joseph	Bergbieten	121	—	1185
Caye, Gabriel	Metz	114	450	60
Cayet, Charles	Metz	—	888	—
Cayet Joseph	Albreschwiller	22	44	853
Cayrat, Jules	Moulin-les-Metz	106	637	—
Céné, Henri	Château-Salins	178	—	694
César, Henri	Metz	23	358	—
César, Mme	Metz	—	358	296
Chablé, Joseph	Siltzheim	—	396	827
Chabrier, Célestin et femme	Aumetz	—	—	2×202
Chalmey, Josephine	Belfort	7	301	—
Chamont, Aimé	Vic s/Seille	73	16	637
Chamont, Aimé, père	Vic s/Seille	106	17	1455
Chanvin, Fernand	Metz	185	—	1124
Chanvin, Marie	Metz	124	—	1185
Chapelier, Charles	Noverre	18	25	125
Chapy, Charles	Donnelay	85	15	—
Charly, Georges	Mulhouse	27	486	—
Charpentier, Louis	Metz	142	1200	—

Nom	Domicile	Prison	Domicile forcé et internement	Domicile libre
Charton, Eugène	Metz	—	687	495
Chatel, Marie	Foulerey	194	129	—
Chatelain, Philippe	Montigny	—	840	—
Chatelanat, Arthur	Rothau	25	1347	—
Chenellement, Julien	Metz	—	288	161
Chevalier, Joseph	Vassy	127	97	—
Chiavazzo, Maurice	Rothau	92	271	—
Choppine, J.-Pierre	Saint-Jean-Rohrbach	183	—	316
Christen, Joseph	Hesingue	3	—	723
Christmann, Michel	Morhange	89	10	1460
Clad, François	Stoffelfelden	57	652	450
Cladé, Jules	Mulhouse-Dornach	—	962	172
Claude, Edouard	Ranrupt	571	1002	—
Claude, Joseph	Ranrupt	573	986	—
Claude, Joséphine	Ranrupt	177	1018	—
Claudot, J.-Pierre	Alancourt	114	—	252
Clementz, Jean	Hesingue	—	129	—
Clodong, Joseph	Sarrebourg	636	—	920
Colin, Célestin	Terreville	74	11	—
Colin, Charles	Ranrupt	177	750	532
Colin, Léon	Saulxures	185	519	—
Colin, Louis	Schirmeck	—	365	—
Colle, François-Xavier	Lusse	409	357	563
Collin, Camille	Metz	—	540	—
Collin, Louise	Mulhouse	—	689	544
Conrad, Joséphine	Balzendorf	124	70	—
Cor, Marie	Metz	31	—	444
Corbeil, Charles	Moncourt	507	1034	—
Corni, Felix	Metz	—	—	991
Cornilleau, Prosper	Vaux	—	1026	—
Crist, Charles	Brunstatt	125	999	—
Crovisier, Albert	Rothau	98	271	—

Nom	Domicile	Prison	Domicile forcé et internement	Domicile libre
	D			
Damm, Henri	Mulhouse	7	530	233
Dangel, Jean-Baptiste	Mulhouse	39	143	—
Dardac, Albert	Metz	—	148	—
Dardac, Georges	Metz-Sablon	—	—	1454
Dary, François	Metz	—	892	—
David Charles	Mulhouse	46	246	—
David, Edmond	Metz	109	—	1478
Deck, Edouard	Le Havre	312	340	—
Deffiné, Georges	Metz	—	—	937
Deffiné, Marie-Louise	Metz	—	—	937
Dehæn, Jules	Ban-St-Martin	—	—	959
Deiber, Angèle	Wattwiller	—	1009	—
Deiber, Eugénie	Wattwiller	—	1009	—
Deiber, Ignace	Wattwiller	—	1009	—
Dellenbach, Frédéric	Neudorf	—	—	1270
Dellian, Anne	Metz	44	—	1110
Demuth, Xavier	Seppois-le-Haut	60	1342	—
Denninger, Antoine	Strasbourg	2	641	—
Dennler, Georges	Bischwiller	214	1354	—
Deplanche, Joseph	Moncourt	111	992	—
Derr, Pierre	Herange	189	1062	—
Dettwiller, Catherine	Mulhouse	299	—	860
Dettwiller, Louise	Mulhouse	299	364	—
Deutsch, Benoît	Sarrebourg	558	324	—
Deville, Auguste	Metz	963	236	—
Deville, Georgette	Metz	—	—	1114
Deville, Marie	Metz	4	—	1114
Deyber, Joseph	Ste-Marie-aux-Mines	—	193	—
Dezavelle, Oscar	Montigny (Metz)	5	1035	—
Didier, Pierre	Ancy s. Moselle	—	355	—
Didier, Prosper	Barembach	—	—	913
Diebold, Guillaume	Hœnheim	14	605	278
Dietrich, Aloyse	Schweighouse	745	186	—

Nom	Domicile	Prison	Domicile forcé et internement	Domicile libre
Dietrich, Joseph	Uffholz	480	108	—
Dietsch, Georges	Metz	121	—	1336
Dietsch, Mme	Metz	—	—	1457
Dietscheid, Prosper	Barembach	—	355	529
Dietschy, Alexandre	Bartenheim	235	223	—
Dieudonné, Charles	Salival	3	756	—
Dieudonné, Emile	Havange	—	453	—
Dieudonné, Paul-Michel	Navez	105	1087	—
Dippert, Jules	Soultz (H.-Rh.)	—	733	—
Dischert, Fanny	Ste-Suzanne	186	730	394
Dœlter, Charles	Mulhouse	80	384	68
Domball, Georges	Mulhouse	81	196	—
Dontenville, Joseph	Ste-Marie-aux-Mines	79	1025	—
Dontenville, Marie-Louise	Ste-Marie-aux-Mines	79	1025	—
Dontenville, Louise	Ste-Marie-aux-Mines	79	1025	—
Doralch, Fernand	Bacourt	983	—	237
Doralch, Joseph	Bacourt	1049	—	508
Dosda, Jules	Herzing	561	415	—
Douvier, Delphine	Barembach	—	351	—
Douvier, Erneste	Villé	279	611	560
Drédenins, Auguste	Metz	—	—	652
Drexler, Ernest	Pfastatt	36	319	588
Dreyer, Joseph	Mulhouse	206	686	—
Driespach, Pierre	Guebwiller	89	—	1239
Dupont, Charles	Sarrebourg	211	655	—
Durand, Cécile	Labroque	—	—	490
Durand, Jeanne	Riedisheim	—	889	—
Dussère, Gustave	Huningue	444	674	—
Duval, Célestin	Metz	43	—	1066

E

Nom	Domicile	Prison	Domicile forcé et internement	Domicile libre
Eauclaire, Charles	Sologne	43	—	426
Ebener, Théodore	Dieuze	499	448	620

Nom	Domicile	Prison	Domicile forcé et internement	Domicile libre
Eberhart, Albert	Mulhouse	63	1272	—
Ebstein, Rosalie	Mulhouse	—	729	—
Ebstein, Simon	Mulhouse	—	729	—
Eck (famille, 3 pers.)	Metz	—	—	928
Eck, Georges	Riedisheim	20	—	1142
Eglin, Paul	Waldighofen	76	452	—
Ehrhardt, Cécile	Colmar	262	380	—
Eichholzer, Mélanie	Mulhouse	93	429	—
Eichinger, Louis	Haguenau	210	1125	—
Eiden, Gustave	Erzange	151	968	—
Eidesheim, Henri	Neunkirch	6	—	64
Eisenzimmer, Alb.-Jules	Mulhouse	—	651	—
Eisenzimmer, Mélanie	Mulhouse	—	524	—
Eisenzimmer, Paul-Luc	Mulhouse	—	296	—
Erhard, Aloyse	Cernay	26	973	326
Erhard, Marie	Cernay	—	973	—
Erhart, Joseph	Mulhouse	26	1078	—
Erhart, Justine	Mulhouse	26	1078	—
Ernst, Elise	Guebwiller	—	—	351
Erpeldinger, Victor	Woippy-les-Metz	206	1262	—
Eschenbrenner, Lucien-Victor	Lunéville	—	—	1316
Essner, Simon	Mulhouse	58	321	—
Etienne, Jean-Dominique	Louy-s.-Metz	59	1511	—

F

Nom	Domicile	Prison	Domicile forcé et internement	Domicile libre
Fabian, Adolphe	Strasbourg	—	240	—
Facha, Victor	Petoncourt	42	789	—
Fædy, Marie	Paris	149	614	—
Faulhaber, Jean	Mulhouse	77	—	308
Favre, Adolphe	Ste-Marie-aux-Mines	243	410	—
Feder, Alphonse	Berrwiller	—	221	—

Nom	Domicile	Prison	Domicile forcé et internement	Domicile libre
Federspiel, Paul	Metz	3	—	128
Federspiel, Marie-Anne	Metz	3	—	128
Felder, Emile	Labroque	75	750	185
Fellmann, Mathilde	Lutterbach	3	—	607
Fendt, Clément	Strasbourg	272	859	57
Fendt, François	Metz	—	759	—
Feyertag, Sébastien	Luemswiller	1062	360	—
Fichter, Valerie	Thann	101	197	—
Filbert, Marie	Sélestat	61	92	—
Finck, Emile	Mulhouse	—	1177	—
Finck, Julie	Mulhouse	—	1177	—
Fischer, Charles	Battenheim	136	211	—
Fischer, Chrétien	Metz	—	880	—
Fischer Josephine	Mulhouse	106	1081	—
Fischer, Louis	Strasbourg	78	528	583
Fizaine, Henri	Moyeuvre	54	305	—
Fleck, Emile	Kaysersberg	3	—	1061
Fleck, Emile	Mulhouse	39	—	514
Fleith, Charles	Wittenheim	—	1002	—
Fleur, Elise	Metz	—	1582	—
Florence, Eugène	Colmar	137	246	—
Florence, Prosper	Ranrupt	—	122	72
Flotré, Philippe	Faulquemont	70	—	483
Fonné, Catherine ?	Mulhouse	587	36	—
Forissier, Georges	Metz	—	—	1068
Foulé, Joseph	Dalhain	471	72	—
Franck, Gaston	Metz	—	901	596
François, Charles	Delme	223	16	277
François, Pierre	St.-Julien	4	379	—
Frankfort, Arthur	Metz	—	199	—
Frantz, Auguste	Ste-Croix-aux-Mines	—	212	—
Frantz, Joseph	Guebwiller	140	571	—
Frantz, Louis	Strasbourg	62	—	1036

Nom	Domicile	Prison	Domicile forcé et internement	Domicile libre
Freck, Jean	Scherwiller	237	218	—
Freindt, Jean	Metz	—	269	—
Fretz, Henri	Bergholtz	152	728	—
Freund, Pierre	Fouday	14	1377	—
Frey, Charles	Metz	—	—	179
Freyburger, René	Strasbourg	13	—	71
Fricker, Aloyse	Wissembourg	187	185	—
Friedrich, Fernand	Sarrebourg	389	791	—
Friesz, Paul	Mulhouse	56	387	—
Fuchs, Charles	Strasbourg-Neudorf	—	—	192
Fuchs, Mme	Strasbourg-Neudorf	—	—	208
Fuchs, Jean	Appenwihr	82	1298	—
Fund, Jacques	Amnéville	124	1091	—

G

Nom	Domicile	Prison	Domicile forcé et internement	Domicile libre
Gabriel, Elise	Durmenach	307	1087	—
Gadé, Adolphe	Charleville	189	124	—
Gaillot, Léonie	Metz	—	—	1428
Galland, Joseph	Tarquinpol	168	260	—
Galler, Joseph	Eckbolsheim	125	132	—
Gandissart, Edouard	Sélestat	91	400	—
Gangloff, Charles	Metz	7	967	51
Gangloff, Henriette	Metz	—	—	220
Gaspermont, Jean-Bapt.	Lièpvre	54	459	—
Gass, Joseph	Strasbourg	—	—	658
Gasser, Adolphe	Feldbach	62	1227	—
Gasser, Caroline	Mulhouse	21	937	—
Gasser, Emile	Mulhouse	7	192	—
Gasser, Joséphine	Colmar	404	101	—
Gasser, Jules	Fréland	16	684	—
Gassner, Georges	Niederbronn	—	969	—
Gaudré, Jules	Metz	29	—	251

Nom	Domicile	Prison	Domicile forcé et internement	Domicile libre
Gebel, Léon	Albé près Villé	689	167	—
Geier, Arthur	Les Etangs	—	1499	—
Geiger, Marie	Mulhouse	326	—	98
Geisenberger, Alphonse	Haguenau	39	1350	—
Geissmann, Lazare	Mulhouse	81	217	76
Geister, Maurice	Soultz (H.-Rh.)	270	1005	—
Geiswiller, Antoine	Rouffach	—	248	—
Geiswiller, Rosalie	Rouffach	—	248	—
Gelbe, Auguste	Moyeuvre	60	136	—
Geng, Joseph	Colmar	179	404	—
Genois, Prosper	Fossieux	73	17	350
Gensbittel, Auguste	Heimsbrunn	467	186	—
Gensbittel, Eugène	Dornach	465	187	—
Gensbittel, Marie	Dornach	164	537	—
Gentil, Charles	Moyeuvre	57	302	—
Geoffroy, Dominique	Sarraltroff	214	914	—
Georg, Auguste	Strasbourg	—	—	362
Georges, Jean-Baptiste	Saulxures	877	586	—
Gerard, Marie	Saralbe	391	240	—
Gerber, Blanche	Colmar	251	328	—
Gerber, Emile	Colmar	—	328	—
Gerber, Paul	Rosheim	68	210	—
Gerges, Georges	Riedisheim	220	828	—
Gerhard, Auguste	Sarrebourg	283	15	1287
Gieser, Albert	St-Louis	99	33	—
Gilles, Aline	Metz	127	810	—
Gilling, Charles	Landser	226	221	590
Girardin, Firmin	Orbey	—	1004	—
Glaszmann, Camille	Barembach	—	195	—
Glintz, Frédéric	Colmar	68	1460	—
Gœpp, Joseph	Welferding	89	71	—
Gœpp, Etienne	Wittenheim	—	201	—
Gœrig, Hélène	Liepvre	—	1163	—
Gœrner, Paul	Strasbourg	7	666	—

Nom	Domicile	Prison	Domicile forcé et internement	Domicile libre
Gœrs, Marie	Mulhouse	—	664	571
Gœrs, Othon	Mulhouse	—	664	571
Gœrz, André	Markolsheim	—	1050	—
Gœtschy, Benjamin	Hegenheim	93	502	—
Gommenzinger, François	Saverne	84	700	212
Gonkel, Josephine	Wisches	116	382	—
Gontard, Aline	Devant-Fouday	—	211	—
Gontard, Charles	Devant-Fouday	65	1502	—
Gontard, Marie	Devant-Fouday	—	211	—
Gossel, Charles	Dalhain	471	145	—
Gottfried, Albert	Mulhouse	—	107	—
Gougenheim, Emmanuël	Metz	—	—	72
Goulen, Alice	Metz	—	—	853
Gouthier, Josephine	Devant-Fouday	—	631	502
Gouttière, Sébastien	Dieuze	91	17	393
Grandgeorge, Joseph	Strasbourg	217	449	—
Grandjean, Emile	Homécourt	730	720	—
Grass, Philippe	Mulhouse	124	680	—
Grauffel, Charles	Mulhouse	37	236	—
Greffrath, Catherine	Metz	—	—	829
Grégoire, Adrien	Vic-s.-Seille	333	157	—
Greiner, Alphonse	Mulhouse	—	1064	—
Gresser, Léonie	Rouffach	305	564	—
Grevilliot, Jeanne	Mulhouse	214	581	154
Griveldinger, H.	Basse-Yutz	—	—	1239
Groshens, Ida	Rothau	275	125	—
Gross, Carola	Mulhouse	—	741	—
Gross, Jean	Mulhouse	—	741	—
Gross, Josephine	Mulhouse	—	741	—
Gross, Laurent	Mulhouse	—	777	—
Gross, Sabine	Mulhouse	—	777	—
Grosshennig, Jules	Bantzenheim	44	257	—
Grosz, Charles	Sarre-Union	467	709	—

Nom	Domicile	Prison	Domicile forcé et internement	Domicile libre
Gruenfelder, Michel	Mulhouse	167	—	1268
Grüss, Aloyse	Ste-Croix-en-Plaine	107	433	—
Gsell, Catherine	Metz	1	57	—
Gsell, Joseph	Mulhouse	168	861	—
Guillot, Théodule	Ste-Marie-aux-Mines	11	16	—
Gummel, Nicolas	Metz	126	—	1062
Gusse, Félix	Metz	—	—	183
Gutzeit, Paul	Mulhouse	62	—	356
Gutzwiller, Marie	Hegenheim	84	469	—
Gutzwiller, Joseph	Hegenheim	84	469	—
H				
Haas, Célestine	Mulhouse	—	1473	—
Haas, Joseph	Mulhouse	51	264	—
Haas, Marguerite	Mulhouse	—	1473	—
Haas, Paul	Mulhouse	—	262	—
Haaser, Joseph	Bischheim	—	1188	—
Haaser, Lucie	Bischheim	—	1188	—
Haaser, Marie	Bischheim	—	1188	—
Haberbusch, Germain	Ste-Marie-aux-Mines	203	183	422
Habersetzer, Camille	Colmar	—	184	—
Habersetzer, Julie	Colmar	14	78	—
Hackspill, Mathieu	Bouzonville	12	497	—
Hæffele, Joseph	Haguenau	403	646	—
Hæhl, Adrien	Rouffach	84	1357	—
Hæmmer, Jean	Breitenbach	12	338	—
Hahn, Charles	Strasbourg	127	760	—
Hallinger, Gustave	Metz	45	1370	—
Hammerer, Bernard	Lautenbach-Zell	—	1154	—
Hampelé, Jules	Strasbourg	—	876	—
Hanné, André	Montigny-les-Metz	—	103	1464
Hanesse, Alfred	Devant-les-Ponts	—	—	188
Harms, Joseph	Mont Sainte-Odile	176	142	545
Hardy, Eugène	Metz	672	10	—

Nom	Domicile	Prison	Domicile forcé et internement	Domicile libre
Harnand, Jean	St-Privat	4	1113	—
Harnist, Emile	Mulhouse	459	611	—
Hartard, Jean	Queuleu	—	1401	—
Hartenstein, Jean-Pierre	Metz	—	—	1467
Hartenstein, Lucien	Metz	—	—	648
Hartenstein, Pierre	Metz	—	—	121
Hartmann, Aloyse	Mulhouse	510	969	—
Hartmann, Bernard	Mulhouse	—	708	—
Hartmann, Catherine	Mulhouse	23	636	—
Hartmann, Eugène	Isenheim	74	641	—
Hartmann, Ignace	Belfort	222	828	471
Hartmann, Thiébaut	Mulhouse	134	891	482
Hasenfratz, Thérèse	Otrott	185	675	—
Hauck, Albert	Vic	199	17	1166
Hauenstein, Alphonse	Labroque	101	507	—
Haug, Hugues	Strasbourg	—	893	—
Haumer, Louis	Mulhouse	26	179	—
Haumesser, Virginie	Novéant	—	610	—
Hausknecht, Frédéric	Strasbourg	246	698	—
Hausknecht, Marie	Strasbourg	309	653	—
Hauss, Joseph	Moyeuvre	57	1048	—
Hauth, Auguste	Sarreguemines	—	—	891
Hay, Louis	Metz	—	—	429
Hebinger, Marie	Mulhouse	85	—	411
Hegy, Emilie	Mulhouse	247	147	—
Heiligenstein, Auguste	Strasbourg	61	685	—
Heimburger, Anne	Lucelle	189	—	320
Heimburger, Emile	Colmar	243	265	—
Heimending, Lazare	Guebwiller	—	—	781
Heimending, Henriette	Guebwiller	—	—	781
Hein, Marie	Metz	76	549	—
Heinrich, Gustave	Mulhouse	—	485	—
Heinrich, Joseph	Molsheim	66	717	—

Nom	Domicile	Prison	Domicile forcé et internement	Domicile libre
Heinrich, Mathilde	Mulhouse	—	485	—
Heinrich, M.	Saverne	91	543	—
Heinrich, Victor	Wisches	66	412	—
Heinrich, Xavier	Réguisheim	268	—	204
Heitz, Anne	Mulhouse	—	650	40
Heitz, Antoine	Mulhouse	40	921	—
Heitz, Charles	Strasbourg	63	461	—
Heitz, Georges	Mulhouse	—	650	40
Heitz, Hélène	Mulhouse	—	663	—
Heitz, Jean	Mulhouse	—	650	40
Heitz, Jean	Haguenau	87	487	—
Heitz, Jeanne	Mulhouse	—	670	40
Heitz, Joseph	Mulhouse	—	1061	—
Heitz, Julie	Mulhouse	976	150	—
Heitz, Louise	Mulhouse	276	712	—
Heitz, Marie	Mulhouse	336	448	—
Heitz, Oscar	Mulhouse	—	189	—
Heitz, Philippe	Mulhouse	—	189	—
Heitz, Suzanne	Mulhouse	—	650	40
Heitzler, Louis	Soultz	—	295	—
Heitzmann, Georges	Eisenheim	153	562	—
Held, Marie	Mulhouse	111	592	547
Heller, Victor	Sarrebourg	318	749	286
Helm, Marie	Jungholtz	806	999	—
Helm, Maurice	Jungholtz	407	896	—
Helmlinger, Gustave	Ste-Marie-aux-Mines	54	283	—
Henck, Auguste	Wihr-au-Val	115	972	—
Henck, Joseph	Strasbourg	120	747	—
Hennequin, Emile	Delme	—	—	716
Hennequin, Fernand	Moyeuvre	437	16	107
Henrion, Gabriel	Metz	—	488	—
Henry, Joseph	Schirmeck	93	123	—
Henry, Josephine	Orbey	—	602	—

Nom	Domicile	Prison	Domicile forcé et internement	Domicile libre
Henry, Michel	Marly	93	—	712
Herqué, Antoine	Fréland	9	101	—
Herr, Thiébaut	Sarrebourg	143	64	—
Herrmann, Emile	Mulhouse	831	698	—
Herrmann, Guillaume	Sarre-Union	11	187	—
Herry, Joseph	Rothau	149	220	—
Hess, Caroline	Altkirch	—	322	—
Hess, Lucie	Altkirch	—	880	—
Hess, Victor	Sarrebourg	63	1105	—
Heugel, François	Moyeuvre	54	828	—
Heyrendt, Victor	Metz	—	—	133
Higelin, Albert	Mulhouse	—	87	—
Higelin, Emilie	Mulhouse	—	87	—
Higelin, Marie	Mulhouse	—	87	—
Hild, Martin	Walbach	144	490	—
Hildebrandt, Victor	Colmar	—	56	937
Hiller, Xavier	Colmar	82	828	—
Hiltenbrand, Jean	Ste-Marie-aux-Mines	255	—	775
Hiltenbrandt, Jean	Muehlbach	—	168	—
Hippert, Jules	Longueville-les-Metz	110	1482	—
Hirschauer, Jean	Bouvigny	13	178	—
Hirtz, Joseph	Huningue	78	819	—
Hittinger, Catherine	Walscheid	153	730	287
Hochstrasser, Frédéric	Mulhouse	43	1289	—
Hocquel, Paul	Vic-s.-Seille	152	627	—
Hœnner, Hortense	Winkel	4	979	149
Hœnner, Philibert	Winkel	155	986	—
Hoffmann, Célestine	Mulhouse	125	220	555
Hoffmann, Pierre	Rombas	27	1421	—
Hofschir, Joseph	Mulhouse-Dornach	452	986	—
Holl, Frédéric	Strasbourg	—	787	—
Holschout, Charles	Strasbourg	109	459	—
Holtzerny, Charles	Blotzheim	64	193	—
Holweck, Erneste	Schirmeck	36	1191	—

Nom	Domicile	Prison	Domicile forcé et internement	Domicile libre
Holweck, Jean	Rothau	68	13[illegible]9	—
Horn, André	Mulhouse	—	876	—
Horn, Camille	Mulhouse	—	421	—
Horst, Louis	Ste-Marie-aux-Mines	196	1043	—
Horst, Madeleine	Ste-Marie-aux-Mines	—	1227	—
Horter, Paul	Rothau	87	1354	—
Hosenlopp, Anne	Dornach	—	708	—
Hosenlopp, Emile	Dornach	—	708	—
Hosenlopp, Jeanne	Dornach	—	708	—
Houpert, Nicolas	Metz	36	1481	—
Houvert, Pierre	Metz	—	—	250
Huber, Adèle	Colmar	148	160	—
Hubler, Edouard	Courtavon	—	295	—
Hubschwerlin, Edouard	Altkirch	104	961	—
Hueber, Romain	Mulhouse	109	144	—
Hulo, Albert	Metz	6	486	844
Humbert, Augustin	Orbey	91	839	—
Humbert, Louis	Labroque	162	1007	—
Humbert, Sébastien	Metz	—	1817	—
Humbert, Victor	Vigny	—	288	—
Huntzinger, Jacques	Colmar	216	671	—
Hurstel, Jérome	Sarrebruck	—	—	1326
Hurth, Joseph	Osenbach	—	—	865

J

Nom	Domicile	Prison	Domicile forcé et internement	Domicile libre
Jacob, Lucien	Vic-s.-Seille	—	494	—
Jacquemin, Arsène	Morhange	91	17	—
Jacquemin, Prosper	Morhange	91	17	—
Jæger, François-Joseph	Dornach	—	1261	—
Jæger, Georges	Walscheid	63	—	1028
Jæger, Jules-Othon	Hochfelden	55	1447	—
Jæger, Marie	Dornach	—	1261	—

Nom	Domicile	Prison	Domicile forcé et internement	Domicile libre
Jægy, Albert	Guebwiller	275	183	—
Jægy, Alphonse	Issenheim	93	103	—
Jænger, Eugène	Haguenau	8	152	—
Jager, Joseph	Forbach	291	—	110
Jambois, Auguste	Strasbourg	92	439	—
Jean, Alice	Nancy	—	—	718
Jean, Marie	Nancy	—	—	1246
Jeckert, Léon	Belfort	221	590	—
Jehl, Albert	Mulhouse	—	758	—
Jehl, Emma	Mulhouse	—	758	—
Jehl, Marthe	Mulhouse	—	758	—
Jeltsch, Charles	Ferette	120	141	—
Jeltsch, Eugénie	Mulhouse	95	—	116
Jmbach, Emile	Mulhouse	—	611	—
Jngert, Charles	Rosheim	—	256	—
Joanny, Emilie	Mulhouse	184	1096	—
Job, Eugène	Metz	—	—	963
Johner, Charles	Sélestat	284	1087	—
Jordy, Joseph	Mulhouse	3	687	—
Jost, Charles	Rothau	878	1074	—
Joublat, Nicolas	Walscheid	568	415	284
Jsner, Edouard	Rouffach	325	1039	—
Jsrael, Léon	Durmenach	—	1080	—
Jssenhardt, Georges	Saint-Hippolyte	96	1444	—
Julien, Joseph	Faxe	138	264	—
Juncker, Anne	Mulhouse	754	605	—
Jung, André	Metz	—	—	845
Jung, Eugène	Strasbourg	280	869	—
Jung Mathilde	Metz	—	—	769

K

Nom	Domicile	Prison	Domicile forcé et internement	Domicile libre
Kaelbel, Joseph	Ste-Croix-aux-Mines	—	646	—
Kaeuffer, Xavier	Soultzbach	223	601	—

Nom	Domicile	Prison	Domicile forcé et internement	Domicile libre
Kaiflin, Antoine	Dornach	—	406	—
Kaiflin, Justine	Dornach	—	406	—
Kaiflin, Laurent	Dornach	294	174	816
Kann, Charles	Mulhouse	35	791	—
Kannengiesser, Alphonse	Mulhouse	750	816	—
Kappler, Adolphe	Strasbourg	—	—	3082
Kappler, Madame	Strasbourg	—	—	3082
Kappler, Fortunée	Strasbourg	—	—	1469
Karl, Charles	Sarrebourg	—	1031	816
Karrer, Joseph	Dornach	42	675	—
Karschnuke, Othon	Saint-Louis	67	1674	—
Kastler, Auguste	Guebwiller	26	919	—
Kastler, Louis	Belmont	—	220	—
Kastler, Lucien	Mulhouse	150	1061	—
Kauffmann, Charles	Tuerckheim	—	943	301
Kauffmann, Pierre	Mulhouse	31	—	233
Keesé, Catherine	Guebwiller	74	196	—
Keesé, Frédéric	Guebwiller	74	196	—
Kehres, Charles	Kœnigshofen	366	871	—
Keller, Auguste	Bartenheim	155	472	516
Keller, Catherine	Mulhouse	55	619	—
Keller, François	Mulhouse	—	239	—
Keller, Marguerite	Mulhouse	15	278	—
Kempf, Alphonse	Sélestat	215	218	365
Kiefer, Théodore	Richeviller	98	—	174
Kieffer, Fritz	Strasbourg	—	1074	—
Kielwasser, Angélique	Mulhouse	130	1436	—
Kien, Jeanne	Strasbourg	—	—	842
Kientz, Louis	Villé	58	—	119
Kientz, Louis	Soultz	271	—	1016
Kientzler, Joséphine	Guebwiller	—	—	1151
Kiffert, Hubert	Metz	—	971	—
Kirchherr, Joseph	Rixheim	31	1283	—
Kirchhoffer, Charles	Metz	—	731	—

Nom	Domicile	Prison	Domicile forcé et internement	Domicile libre
Kirscher, Thiébaut	Burnhaupt	150	889	129
Kirtz, Louise	Mulhouse	10	135	1211
Kitten, Henri	Metz	—	—	252
Kleiber, Ernest	Mulhouse	514	158	442
Klein, Auguste	Strasbourg	—	610	—
Klein, Georges	Paris	206	1357	—
Klein, Jean	Soultzbach	117	1243	—
Klein, Michel	Sarreguemines	191	—	672
Klein, Pierre	Sarreguemines	103	45	—
Kleissler, Aline	Hegenheim	93	1303	—
Knecht, Charles	Steige	229	825	517
Kniedel, Jean-Baptiste	Lafrinbolle	70	—	605
Kniedel, Salomé	Lafrinbolle	110	—	607
Knœpflin, Josephine	Flaxlanden	198	758	—
Knorr, Albert	Mulhouse	64	1257	.
Koch, Louis-Maurice	Jouy-aux-Arches	209	1825	—
Kœberlen, Sophie	Walheim	145	831	657
Kœberlen, Xavier	Walheim	145	831	655
Kœhler, Alphonse	Ste-Marie-aux-Mines	277	772	—
Kœhren, Jean	Schweinheim	123	1117	—
Kœnig, Albert	Mulhouse	458	668	—
Kœnig, Rodolphe	Ste-Marie-aux-Mines	—	—	1424
Kopf, Charles	Colmar	74	588	—
Krauth, Joseph	Colmar	406	570	—
Krauth, Marguerite	Colmar	—	734	—
Kreimer, Adrien	Thionville	—	82	—
Kremer, Léon	Metz	—	950	200
Krieg, Charles	Sarrebourg	—	583	—
Krieger, Georges	Saint-Hippolyte	4	895	1063
Krœpflé, Louis	Soultz	—	545	507
Kromer, Anne	Mulhouse	123	977	—
Krug, Elisabeth	Metz	22	—	1163
Krug, Joseph	Nancy	28	1178	—
Krug, Madeleine	Nancy	28	1178	—

Nom	Domicile	Prison	Domicile forcé et internement	Domicile libre
Kubler, Marie	Mulhouse	—	—	443
Kubler, Rosalie	Mulhouse	106	1003	—
Kuentz, Eugène	Ungersheim	411	—	887
Kuentz, Marie	Mulhouse	65	154	—
Kuhm, Emilie	Strasbourg	131	1227	—
Kuhn, Albert	Mulhouse	—	—	1171
Kuhn, Henri	Metz	31	161	—
Kuhn, Joseph	Strasbourg-Neudorf	199	694	—
Kuttler, Cécile	Galfingen	94	1124	—
Kuttler, Jacques	Mulhouse	545	859	—

L

Nom	Domicile	Prison	Domicile forcé et internement	Domicile libre
Laas, Eugène	Metz	1	327	692
Labroise, Auguste	Vuisse	—	—	1510
Labrosse, Jeanne	Metz	8	—	126
Lacour, Jean-Jacques	Ste-Marie-aux-Mines	—	659	—
Lacroix, Henry	Norroy-le-Veneur	—	984	—
Lallemand, Albertine	Mulhouse	14	1178	—
Lallemand, Léon	Mulhouse	76	1119	—
Lamaze, Jean	Rombach-le-Franç.	187	114	—
Lambert, Constant	Metz	—	—	910
Lambert, Eugène	Metz	—	208	—
Lambert, Gabriel	Metz	—	—	910
Lambert, Jean	Gorze	31	774	—
Lambert, Marie	Metz	—	—	910
Lambs, Charles	Strasbourg-Robertsau	397	1108	61
Lamy, Alfred	Vic	246	937	880
Lamy, Constance	Vic	197	866	880
Lander, Berthe	Lutterbach	—	814	—
Landwehrlin, Léon	Riedisheim	87	564	—
Lang, Marie	Mulhouse	72	468	—
Langard, Marie	Metz	31	—	1226
Langlaude, Emile	Ste-Marie-aux-Mines	79	762	—
Langlois, Madeleine	Dornach	—	871	—

Nom	Domicile	Prison	Domicile forcé et internement	Domicile libre
Lapied, Charles	?	163	1408	—
Latscha, André	Breitenbach	87	915	—
Latscha, Marie	Wittenheim	241	401	—
Lau, Georges	Colmar	110	1455	—
Laub, Charles	Mulhouse	133	—	627
Laucher, Emile	Strasbourg	170	102	—
Laucher, Juliette	Soultz	333	86	501
Laugel, Charles	Mulhouse	43	—	978
Launoix, Henri	Dieuze	172	433	409
Laurain, Henri	Metz	—	—	50
Laurent, Henri	Ste-Croix-aux-Mines	12	887	—
Laval, Quirin	Saint-Quirin	11	14	82
Lazard, Joseph	Metz	—	—	280
Lebon, Alphonse	Bessang-les-Petits	163	19	—
Lechène, Emile	Vaxy	54	521	—
Leclerc, Berthe	Metz	—	—	802
Leclerc, Edmond	Harancourt	—	320	—
Leclerc, Joseph	Metz	7	556	—
Ledoux, Pierre	Rosheim	—	822	—
Lefrant, Georges	Colmar	614	847	—
Legendre, Jean-Pierre	?	175	—	1393
Legris, Dominique	Metz	—	—	165
Lehmann, Rosalie	Strasbourg	—	822	—
Leiber, Emilie	Munster	342	200	—
Leidinger, Philippe	Marange-Silvange	185	202	—
Lemblé, Joseph	Wittenheim	17	1451	—
Lemmery, Charles	Ste-Marie-aux-Chênes	2	1590	—
Lemoine, André	Manhoué	197	421	—
Lench, Frédéric	Montigny-les-Metz	57	877	—
Lentz, Marguerite	Queuleu	—	—	870
Léonard, Eugénie	Metz	50	821	—
Léonard, Georges	Montigny	93	—	807
Lerch, Ignace	Cernay	—	—	921

Nom	Domicile	Prison	Domicile forcé et internement	Domicile libre
Leroy, Auguste	Moyeuvre	59	863	—
Leroy, Charles	Ste-Marie-aux-Mines	—	1425	—
Leroy, Marie	Ste-Marie-aux-Mines	—	1425	—
Lévêque, Eloy	Sarrebourg	—	—	884
Levy, Albert	Sarrebourg	—	—	952
Levy, Jacques	Colmar	159	1410	—
Ley, Edouard	Soultz	622	230	459
Ley, Rosalie	Soultz	308	898	600
Liebenguth, Rosalie	Mulhouse	43	—	42
Lieber, Felix	Merlbach	466	593	—
Liebold, Thérèse	Mulhouse	203	—	608
Lienhard, Jacques	Strasbourg	—	1696	—
Lierhang, Jules	Ranrupt	571	1005	—
Linder, Gustave	Ste-Marie-aux-Mines	622	155	—
Linder, Joseph	Altenstadt	43	1164	—
Ling, Louis	Thionville	10	47	—
Lirot, Jean-Pierre	Mulhouse	113	191	—
Lisch, Arthur	Thann	42	601	—
Lisch, Charles	Cernay	13	1254	—
Litolff, Joseph	Ensisheim	—	—	258
Litolff, Marie	Ensisheim	—	—	258
Litterer, Dominique	Guebwiller	—	—	166
Litzler, Etienne	Munwiller	87	113	—
Litzler, Joseph	Dornach	14	547	474
Lœcher, Charles	Cernay	—	1194	—
Lœffel, Eugène	Vieux-Thann	681	613	—
Loison, Marie	Colmar	—	972	—
Loos, Jonas	Mulhouse	—	1256	—
Lorenz, Alfred	Reichshoffen	144	561	—
Losson, Emile	Metz	136	723	—
Lotter, Camille	Riedisheim	—	663	598
Louis, François	Vionville	—	123	—
Louter, Claire	Queuleu	—	664	—
Louter, Constant	Queuleu	—	664	—

Nom	Domicile	Prison	Domicile forcé et internement	Domicile libre
Louter, Jeanne	Queuleu	—	664	—
Louter, Marie-Louise	Queuleu	—	664	—
Loux, Eugène	Ste-Marie-aux-Mines	136	1342	—
Luck de, Georges	Sarrebruck	844	1195	—
Ludovicy, Anatole	Amanvillers	8	616	—
Lurig, Victor	Metz	123	50	—
Lutenauer, Marie-Joseph	Mulhouse	8	787	—
Luttringer, Edouard	Bitschwiller	178	1294	—
Lutz, Albert	Sarrebourg	91	15	133
Lutz, Emile	Strasbourg	—	358	—
Lutz, Emilie	Mulhouse	273	—	543
Lux, Arsène	Mulcey	329	18	—
Lux, Jean-Baptiste	Metz	—	711	—

M

Nom	Domicile	Prison	Domicile forcé et internement	Domicile libre
Macherez, François	Metz	—	1010	—
Maguin, Charles	Metz	—	390	1172
Maguin, Marie	Metz	503	483	—
Maire, Charles	Florange	—	75	—
Maire, François	Metz	—	626	—
Maire, Jean-Baptiste	Ste-Marie-aux-Mines	169	191	—
Malaisé, Auguste	Metz	—	903	—
Malgras, Joseph	Château-Salins	45	1392	—
Malmouté, Joséphine	Novéant	228	—	810
Malmouté, Apolline	Novéant	184	—	363
Malzalé, Camille	Moyeuvre	57	869	—
Mangenay, Michel	Soultz	522	664	—
Mangenay, Marguerite	Soultz	71	1008	—
Mangenot, Pierre et Lucie	Metz	—	819	—
Mangin, Justin	Sarrebourg	78	638	—
Mann, Berthe	Habsheim	62	703	—
Manschauffé, Pauline	Metz	235	825	40
Marchal, François	Metz	—	908	—
Marchal, Jules	Montigny-les-Metz	81	194	—

Nom	Domicile	Prison	Domicile forcé et internement	Domicile libre
Marchal, Jules	Rosheim	—	817	548
Marchal, Jules	Rothau	83	1501	—
Marchal, Julien	Haute-Goutte	587	722	—
Marchal, Marie	Labroque	180	985	—
Marchand, Albert	Orbey	243	495	112
Marchand, Clémentine	Labaroche	—	1172	—
Marchand, Jean-Pierre	Labaroche	—	1172	—
Marco, Henri	Altkirch	—	—	1063
Marcino, Didier	Orny	5	1395	—
Mariatre, Eugénie	Remilly	191	1120	—
Marterer, François	Riedisheim	383	123	—
Martin, Jacques	Strasbourg	205	889	—
Martin, Jean	Mulhouse	211	118	—
Martin, Joseph	Riedisheim	542	396	—
Masson, Adolphe	Metz	—	—	542
Masson, Alphonse	Mulhouse	55	633	—
Mathieu, Constant	Norroy-les-Vencurs	—	576	—
Mathieu, Victor	Dieuze	334	1232	—
Mathis, Adolphe	Strasbourg	—	527	—
Mathis, Jules	Dalhain	471	45	—
Mathis, Louise	Mulhouse	—	526	—
Mathoret, Isidore	Graville	997	456	—
Matter, Edouard	Mulhouse	5	—	492
Matter, Jean-Georges	Monswiller	267	915	—
Matter, Jacques	Munster	—	520	—
Mattler, Joseph	Courtaven	—	244	—
Mattler, Théoline	Courtaven	—	244	—
Mauhal, Albert	Hersbach	55	247	—
Mauhal, Ernest	Labroque	126	—	1332
Maurer, Ignace	Burnhaupt-le-Bas	6	99	1322
Maurice, Henri	Metz	—	—	842
May, Alphonse	Vic-s.-Seille	109	892	—
Mayer, Ernest	Mulhouse	74	—	864
Mehl, Léon	Fréning	185	—	149

Nom	Domicile	Prison	Domicile forcé et internement	Domicile libre
Nelin, Emile	Gondrexange	66	16	86
Mensch, Fernand	Mulhouse	561	876	—
Neppiel, Paul	Huningue	108	790	—
Neppiel, Victorine	Huningue	108	591	—
Messein, Marie	Pétancourt	57	386	—
Messein, Marthe	Pétancourt	57	164	—
Messerer, Louis	Ste-Marie-aux-Mines	—	283	—
Mettler, Martin	Colmar	233	204	—
Metz, André	St-Pierre	1107	890	—
Metzger, Catherine	Haguenau	184	259	—
Metzger, Jacques	Metz	—	102	—
Meunier, Charles	Marange-Silvange	—	—	1011
Meunier, Marie	Marange-Silvange	—	—	946
Meyer, Mme	Mulhouse	62	—	1317
Meyer, Auguste	Mulhouse	99	331	—
Meyer, Emile	Dornach	6	812	—
Meyer, Emilie	Soultz	308	417	534
Meyer, Eugène	Benfeld	74	893	596
Meyer, Fernand	Soultz	132	—	811
Meyer, François	Schirmeck	—	567	287
Meyer, Françoise	Mulhouse	—	1229	—
Meyer, Jean-Baptiste	Mulhouse	—	101	—
Meyer, Jean-Baptiste	Mulhouse	—	1229	—
Meyer, Joseph	Strasbourg	176	455	—
Meyer, Laure	Dornach	—	—	833
Meyer, Louise	Strasbourg	480	667	—
Meyer, Paul	Kientzheim	185	87	—
Meyer, Victor	Walscheid	222	461	518
Michel, Eduard	Norroy-les-Veneurs	—	423	—
Michel, Joseph	Ommeray	—	—	71
Miesch, Hubert	Mulhouse	84	—	1320
Millié, Albert	Metz	—	624	—
Millian, Adrien	Marange-Silvange	—	404	—
Minck, Lucien	Strasbourg	287	1272	—

Nom	Domicile	Prison	Domicile forcé et internement	Domicile libre
Missland, Camille	Dornach	41	809	—
Nœglin, Josephine	Munchhausen	415	406	261
Monhardt, Jacques	Lutterbach	491	992	—
Moos, Charles	Guebwiller	148	619	—
Morel, Alphonse	Belmont	350	119	—
Morel, Henri	Mulhouse	8	409	—
Morel, Marie	Mulhouse	8	409	—
Moser, Laurent	Ruelisheim	99	373	—
Mosser, Gaston	Haguenau	775	215	—
Mossmann, Joseph	Mulhouse	62	—	1317
Motsch, Antoine	Ste-Marie-aux-Mines	125	781	—
Moulen, Alphonse	Metz	—	967	—
Mounier, François	Ban-St-Martin	48	—	975
Moureau, Louis	Strasbourg	559	660	—
Mourize, Lucien	Dalhain	471	64	—
Mourot, Jean-Baptiste	Peltre	48	30	—
Muenck, Alfred	Rosheim	52	990	—
Muess, Josephine	Strasbourg	—	1081	—
Muller, Alphonse	Altkirch	117	420	464
Muller, Auguste	Asnières	22	906	—
Muller, Charles	Belmont	250	750	—
Muller, Emile	Mulhouse	162	1094	—
Muller, Jules	Wittersdorf	—	551	—
Muller, Marie	Mulhouse	—	1094	—
Mumier, Clément	Saulxures	66	1137	—
Munch, Marie	Roppentzwiller	81	409	—
Munier, Alfred	Metz	—	390	1172
Munier, Auguste	Marange-Silvange	—	422	—
Munsch, Auguste	Mulhouse	1334	150	—
Munsch, Emilie	Guebwiller	33	574	—
Munsch, Paul	Guebwiller	30	1037	—
Muntz, Joseph	Mulhouse	49	736	—
Mura, Charles	Morschwiller	—	—	660
Mura, Eugène	Aspach-le-Haut.	708	187	—
Murbach, Jacques	Colmar	126	1236	—

Nom	Domicile	Prison	Domicile forcé et internement	Domicile libre
N				
Nachbauer, Alphonse	Schweighouse	212	728	—
Nægelen, Eugène	Mulhouse	—	478	—
Nægelin, Emile	Mulhouse	68	595	—
Nansé, Jacques	Murbach	27	719	—
Neff, Catherine	Mittlach	38	600	533
Neff, Jean	Mittlach	124	582	—
Neff, Jean fils	Mittlach	124	683	—
Neigert, Elisabeth	Falkwiller	—	—	239
Nessmann, Victor	Strasbourg	143	1433	—
Neumann, Alphonse	Reichshofen	68	1212	—
Neunkirch, Marie	Strasbourg	8	—	160
Nick, Albert	Ensisheim	148	526	—
Nicolas, Antoine	Metz	365	696	—
Niedergang, Ida	Mulhouse	171	932	—
Nierengarten, Charles	St-Louis	276	797	—
Nillés, Louis	Metz	—	—	61
Noël, Georges	Réchicourt	47	358	—
Noël, Lucien	Colroy-la-Roche	99	563	—
Noiré, Felix	Metz	—	—	888
Noirez, Felix	St-Nicolas-de-Port	—	668	—
O				
Offner, Fernand	Mulhouse	253	672	—
Offroy, Paul	Couly	—	1892	—
Ogé, Louis	Metz	—	620	—
Ohlschlæger, Marie	Schweinheim	92	118	—
Oliger, Marie	Saales	62	198	562
Onimus, Albert	Village-Neuf	—	—	1314
Ortschitt, Joseph	Mulhouse	943	533	—
Ory, Pierre	Metz	—	—	185
Ostermayer, Xavier	Rouffach	47	1518	—
Ott, André	Metz	—	—	950

Nom	Domicile	Prison	Domicile forcé et internement	Domicile libre
Ott, Joseph	Bernardswiller	649	—	790
Otter, Jeanne	Dornach	22	361	359
Oudin, Auguste	Moyeuvre	57	121	—
	P			
Pagnel, Charlotte	Montigny	15	—	1682
Paillot, Henri	Colmar	171	1046	—
Panter, Michel	Strasbourg	62	695	—
Papierer, Xavier	Mulhouse	104	1071	—
Papierer, Josephine	Mulhouse	81	1018	—
Pardieu, Joseph	Petancourt	24	107	173
Pariset, Alphonse	Thionville	11	109	—
Pascaly, Jean	Bitche	250	1318	—
Pauly, Josephine	Ribeauvillé	—	769	496
Pauportier, Paul	Rombas	27	844	—
Payer, Jules	Neuwiller	572	153	—
Peirotes, Jacques	Strasbourg	—	24	—
Pepos, Rosalie	Metz	—	1009	—
Pequignart, Jacques	Mulhouse	14	—	1277
Périot, Adam	Montigny-les-Metz	3	192	—
Perrier, Auguste	?	—	893	—
Perseval, Constantin	Metz	—	—	131
Perseval, Léonie	Metz	—	—	131
Perseval, Lucie	Metz	—	—	131
Pétri, Mathieu	Metz	—	1204	—
Petitdemange, Louis	Bonhomme	1335	198	—
Petitdidier, Célestine	Ars-sur-Moselle	92	—	1232
Petit-Friant, Auguste	Avricourt	459	736	—
Pfau, Louise	Colmar	—	406	529
Pfauwadel, Augustine	Auxerre	7	287	—
Pfauwadel, Edmond	Berrwiller	—	—	1021
Pfennig, Ernest	Guebwiller	—	—	1162
Philippe, Joseph	Ste-Marie-aux-Mines	176	376	—
Pierrat, Jean-Bapt.	Labaroche	228	861	304

Nom	Domicile	Prison	Domicile forcé et internement	Domicile libre
Pierré, Edmond	Audun-le-Tiche	212	16	952
Pierre, Eugène	Moncourt	88	17	530
Pierron, Auguste	Bissing	—	45	—
Pignon, Paul	Metz	—	1571	—
Pinkelé, Henri	Fouday	—	148	—
Piquelle, Pauline	Metz	—	—	452
Pilon, Auguste	Aunoy	169	17	534
Pirrus, Jean	Mouillange	2	1023	542
Poinsignon, Marie	Audun-le-Tiche	212	16	952
Poupardin, François	Dornach	—	1406	—
Pracher, Marguerite	Metz	—	—	937
Pracht, Achille	Hochstatt	96	—	1320
Preiss, Clairette	Colmar	—	861	—
Preiss, Jacques	Colmar	55	498	—
Preuel, Emile	Mulhouse	2	250	—
Prével, Victor	Metz	—	904	—
Prévot, Antoine	Mulhouse	—	563	—
Prévot, Emilie	Mulhouse	41	563	—
Prinson, Eugène	Sey-Chazelle	—	1018	—
Q				
Quaquis, Constant	Bourg-Bruche	376	180	—
Quencez, Remy	Courcelles	—	373	—
Quencez, René	Courcelles	—	209	—
R				
Ramspacher, Joseph	Hochfelden	273	778	—
Ramspacher, Thérèse	Hochfelden	—	778	—
Rasp, René	Strasbourg	2	365	—
Ratzmann, Marie	Colmar	207	345	—
Rauber, Virginie	Altkirch	44	—	1075
Rauch, Benjamin	Rimbach	289	200	801
Rauch, Berthe	Rimbach	289	279	722
Rauch, Clémentine	Rimbach	289	279	722

Nom	Domicile	Prison	Domicile forcé et internement	Domicile libre
Rauch, Eugène	Mulhouse	1263	214	—
Rauch, Joseph	Mulhouse	7	—	70
Rauner, Mathilde	Colmar	—	1193	—
Recht, Gaston	Colmar	484	935	—
Reibel, Eugénie	Strasbourg	—	—	85
Reichart, Nicolas	Neunkirch	—	400	—
Reichert, Marthe	Mutzig	14	861	—
Reichert, Thérèse	Mulhouse	14	861	—
Rein, Joseph	Mulhouse	44	377	—
Reiner, Jules	Strasbourg	—	84	—
Reinert, Jean-Pierre	Longeville-les-Metz	—	181	833
Reith, Marie	Strasbourg	94	120	—
Remlinger, Pierre	Metz	—	674	—
Remy, Léon	Metz	—	74	883
Renaudin, Auguste	Nitting	202	638	—
Renaux, Léopold	Niederhof	6	1312	—
Reyss, Eugène	Colmar	82	56	—
Reyss, Jean-Joseph	Jungholz	252	926	—
Reyter, Marie	Metz	43	—	1183
Reyther, Jean-Pierre	Metz	—	—	1184
Riat, Alphonse	Sondersdorf	117	102	205
Riber, Amadé	Dornach	—	562	—
Rich, Joseph	Mulhouse	45	756	—
Rich, Xavier	Colmar	14	160	—
Richard, Eugène	Metz	—	—	884
Richard, Gustave	Altkirch	—	1265	—
Richard, Joseph	Soultz	798	181	224
Richard, Lucien	Maizières-les-Vic	286	154	—
Richard, Thérèse	Altkirch	125	1265	—
Richert, Sébastien	Guebwiller	14	771	—
Richmann, Emile	Mulhouse	399	58	897
Richshoffer, Jeanne	Strasbourg	116	506	—
Ricklin, Marie (Mme Carrière)	Sarrebruck	41	524	588
Rieder, Joseph	Kaysersberg	142	1224	—

Nom	Domicile	Prison	Domicile forcé et internement	Domicile libre
Riedlin, René	Mulhouse	184	286	—
Riedweg, Alfred	Mulhouse	—	628	92
Riedweg, Elise	Mulhouse	—	628	92
Riedweg, Joséphine	Mulhouse	—	628	92
Rieffel, Auguste	Strasbourg	8	826	145
Riegel, François	Duerlinsdorf	—	782	—
Riegert, Léonard	Molsheim	66	907	—
Ries, Victorine	Reiningen	46	—	1061
Riether, Catherine	Soultz	305	218	—
Rietsch, Jacques	Munchhausen	263	627	360
Riffiy, Auguste	Altkirch	269	—	952
Rimmel, Victor	Knutange	1160	294	—
Ringenbach, Mathilde	Huningue	76	301	576
Ringenbach, Paul	Bourgfelden	140	1206	†
Risacher, Albertine	Guebwiller	7	—	180
Risacher, Melchior	Rimbach	120	304	—
Rischon, Joseph	Mulhouse	23	126	—
Riss, Marie	Rosheim	—	—	1341
Ritz, Charles	Metz	—	340	—
Ritzentaler, Alphonse	Dunkerque	—	651	610
Ritzinger, Edmond	Saulxures	324	506	—
Robert, Lucien	Montoy	—	207	—
Robert, François	Vaux	—	108	—
Rœckel, François	Colmar	—	319	—
Rohmer, Alphonse	Ebersmunster	578	1005	—
Rohrbach, Auguste	Wittelsheim	255	473	278
Rohrbach, Caroline	Wittelsheim	255	473	278
Romac, Thérèse	Donnelay	183	80	464
Rombourg, Charles	Strasbourg	61	—	298
Rompaud, Paul	Rozerieulles	—	—	679
Roos, Caroline	Mulhouse	—	663	—
Roos, Edouard	Clouange	274	568	—
Roos, Gustave	Mulhouse	—	663	—
Rosenfelder, Philippe	Rombas	27	85	—

Nom	Domicile	Prison	Domicile forcé et internement	Domicile libre
Rosé, Marie	Guebwiller	—	—	1038
Roth, Charles	Lautenbach	402	1092	—
Roth, Jean	Mulhouse	51	618	645
Roussel, Eugène	Château-Salins	453	618	—
Ruert, Léon	Orbey	105	—	1201
Ruffuy, Alfred	Hesingue	—	188	852
Ruffuy, Henri	Hesingue	—	188	170
Ruhland Jean	Strasbourg	34	—	1109
Ruthy, Joseph	Bitschhoffen	94	498	—
S				
Saintmarie, Louis	Sélestat	573	33	—
Salomon, Gaston	Strasbourg	—	285	—
Samain, Alexis	Metz	—	781	—
Samain, Paul	Metz	—	226	—
Samuele dit Jul. Goldschmidt	Metz	443	82	—
Samuel, Mme	Metz	—	—	525
Samuel, David	Strasbourg	—	323	—
Samuel, Emile	Neuf-Brisach	159	736	—
Sandmann, Casimir	Fessenheim	61	770	—
Sanier, Xavier	Guebwiller	4	559	—
Saunier, Marie	Barembach	233	890	—
Sauren, Jean Pierre	Metz	22	—	1536
Schaaf, Joseph	Colmar	—	—	1019
Schaal, Isidore	Plaine	244	750	451
Schacher, Emile	Mulhouse	14	1324	—
Schæffer, Maurice	Strasbourg	16	799	—
Schæffer, Marie	Strasbourg	—	799	—
Schæckla, Emile	Winzenheim	146	—	1207
Scharff, Nicolas	Devant-les-Ponts	—	646	—
Schaub, Marguerite	Barr	89	472	—
Scheer, Charles	Mulhouse	—	426	66
Scheermesser, Anne	Mulhouse	—	519	—
Scheermesser, Charles	Mulhouse	—	1206	—

Nom	Domicile	Prison	Domicile forcé et internement	Domicile libre
Scheermesser, Marie	Mulhouse	61	1090	—
Scheermesser, Reine	Mulhouse	—	1206	—
Scheermesser, Reine (fille)	Mulhouse	—	1206	—
Scheib, Daniel	Colmar	958	96	—
Scherrer, Etienne	Mulhouse	—	578	—
Scherrer, Joseph	Lutterbach	—	367	—
Scherrer, Joséphine	Mulhouse	—	578	—
Scherrer, Oscar	Lusseren	—	124	—
Schibler, François	Colmar	390	503	—
Schieber, Joseph	Ste-Marie-aux-Mines	88	753	—
Schill, Berthe	Soultz	124	1206	—
Schillinger, Agathe	Ingersheim	—	962	—
Schillinger, Edouard	Ingersheim	—	1113	—
Schillinger, Joseph	Itterswiller	—	165	—
Schillinger, Marie	Ingersheim	—	54	—
Schirmer, Louis	Metz	—	—	611
Schlatter, Frédéric	Rothau	71	707	—
Schleret, Anne	Mulhouse	484	850	—
Schliemann, Adèle	Mulhouse	121	1076	—
Schlosser, Guillaume	Mothern	183	241	—
Schmidinger, Elise	Mulhouse	67	575	—
Schmidinger, Fernand	Mulhouse	67	177	—
Schmidt, Emile	Mulhouse	31	594	96
Schmidt, Emile	Schirmeck	79	1502	—
Schmidt, Stella	Schirmeck	—	1184	—
Schmitt, Antoine	Strasbourg	273	719	—
Schmitt, Catherine	Soultz	86	—	985
Schmitt, Elisabeth	Liebenswiller	21	716	—
Schmitt, Joseph	Lutterbach	267	1002	—
Schmitt, Joseph	Ingersheim	—	1190	—
Schmitt, Joseph	Dornach	102	782	—
Schmitt, Louise	Ingersheim	—	1206	—
Schmitt, Marie	Courtavon	274	—	92
Schmitt, Théophile	Diedenheim	36	218	—

Nom	Domicile	Prison	Domicile forcé et internement	Domicile libre
Schmitt, Xavier	Mulhouse	211	155	—
Schmitt, Xavier	Soultz	109	—	985
Schmucker, Hipolyte	Mulhouse	135	638	262
Schmutz, Josephine	Rosheim	298	312	—
Schneckenburger, Henri	Mulhouse	5	—	372
Schneider, Albert	Colmar	—	527	—
Schneider, Aline	Metz	—	—	1253
Schneider, Eugène	Winzenheim	554	—	883
Schneider, Joseph	Ribeauvillé	112	81	74
Schneider, Théophile	Metz	—	—	1253
Schoch, Isidore	Dornach	—	883	—
Schoch, Jean	Dornach	161	95	—
Schoch, Marie	Dornach	89	794	—
Schœnauer, Georges	Mulhouse	218	840	—
Schong, Augustin	Nidange	—	—	691
Schorlin, Ernestine	Kaysersberg	—	—	775
Schrepf, Léon	Guebwiller	64	1209	—
Schreyer, Auguste	Heimersdorf	108	1250	—
Schuetzger, Camille	Ste-Marie-aux-Mines	83	946	—
Schuffenecker, Marie	Strasbourg	—	130	160
Schuller, Xavier	Soultz	135	904	111
Schultz, Charles	Reiningen	231	1261	—
Schultz, Eugénie	Mulhouse	72	1080	—
Schuhmacher, Fridolin	Aspach-le-Bas	64	66	—
Schumacher, Fernand	Harprich	18	66	—
Schuhmacher, Joseph	Metz	—	—	161
Schwartz, François	Strasbourg	26	—	873
Schweblin, Alphonse	Mulhouse	118	483	—
Schweitzer, Berthe	Mulhouse	17	754	—
Schweitzer, Emile	Mulhouse	108	808	—
Schweitzer, Emilie	Mulhouse	77	833	—
Schweitzer, Jeanne	Chambeauvert	305	203	—
Schwinte, Marie	La Claquette	164	1007	—

Nom	Domicile	Prison	Domicile forcé et internement	Domicile libre
Schwob, Adrien	Mulhouse	—	669	—
Schwob, Joseph	Mulhouse	—	156	—
Schwob, Marie	Mulhouse	251	232	—
Seher, Louis Isaac	Bischwiller	—	406	—
Seichepine, Victor	Château-Salins	410	735	—
Seltzer, Charles	Metz	123	208	—
Senger, Paul	Guebwiller	148	305	—
Sexauer, Anne	Soultz	154	—	716
Sexauer, Frédéric	Soultz	154	—	716
Sidot, Emile	Corny	7	—	174
Siegrist, Eugène	Strasbourg	—	150	81
Sifferlen, Auguste	Baldenheim	230	1123	—
Sigel, Michel	Strasbourg	199	256	—
Sigwald, Charles	Sarreguemines	121	882	245
Simon, Joseph	Dalhain	484	47	—
Simonin, Camille	Schirmeck	126	1438	—
Simonin, Marguerite	Mulhouse	79	534	—
Singer, Albert	Wintzenheim	177	183	—
Sintzel, Charles	Mulhouse	—	1229	—
Sintzel, Eugénie	Strasbourg	—	1229	—
Sintzel, Marie	Mulhouse	—	1229	—
Sipp, Louis	Bischoffsheim	364	592	181
Sittler, Jean-Baptiste	Mulhouse	62	616	541
Sittler, Jean-Jacques	Strasbourg	110	833	531
Sittler, Michel	Colmar	561	611	—
Sombstag, Joseph	Cernay	113	—	1417
Somier, Adrién	Dalhain	484	93	—
Sommereisen, François	Harskirchen	289	1205	—
Spæth, Albert	Strasbourg	9	1440	—
Speeg, Martin	Wittelsheim	34	312	—
Spenlé, Valérie	Lutterbach	—	62	—
Spieser, Jean	Colmar	13	463	—
Spieser, Jean	Neufchâtel	—	309	—
Spieser, Léonie	Neufchâtel	—	309	—

Nom	Domicile	Prison	Domicile forcé et internement	Domicile libre
Spieth, Edouard	Ste-Marie-aux-Mines	100	503	—
Spittler, Edouard	Colmar	—	923	—
Stadelmann, Joseph	Buhl	—	820	—
Stædlin, Eugène	Kembs	—	820	199
Stalter, Augustine	Soultz (Ht-Rh.)	—	—	1062
Stanger, Anne	Lutterbach	—	713	—
Stanger, Joseph	Lutterbach	—	713	—
Stanger, Marie	Lutterbach	—	713	—
Star, Louis	Thionville	3	77	—
Stark, Jacques	Hegenheim	9	986	—
Staub, Jean-Baptiste	Ammerschwihr	184	458	—
Staub, Marie	Buhl	—	507	—
Steeg, Louise	Colmar	56	100	—
Steffan, Camille	Colmar	—	114	263
Steger, Joseph	Metz	—	1463	—
Steger, Justine	Soultz	104	—	1[illegible]22
Steinbach, Justine	Mulhouse	—	—	1199
Steinbrenner, Eugène	Colmar	—	331	—
Steiner, Michel	Vic	102	17	—
Stengel, Guillaume	Strasbourg	—	736	—
Stern, Edmond	Mulhouse	—	434	—
Stern, Jeanne	Mulhouse	31	403	519
Stern, Marie	Mulhouse	—	434	—
Stirnemann, Joseph	Strasbourg	110	67	710
Stocker, Auguste	Strasbourg	—	85	—
Stocky, Henri	Ste-Marie-aux-Mines	25	1007	—
Stœcklin, Jacques	Gunsbach	3	372	—
Stœhr, François	Schafhouse	582	928	—
Stolé, Anne	Mulhouse	588	121	—
Stolz, Catherine	Heidwiller	—	—	857
Stolz, Eugénie	Heidwiller	—	—	857
Stolz, Oscar	Rouffach	127	617	—
Stolz, Xavier	Heidwiller	—	—	857
Strassel, Eugène	Mulhouse	—	934	—

Nom	Domicile	Prison	Domicile forcé et internement	Domicile libre
Strauss, Fernand	Strasbourg	90	307	—
Strauss, Raphaël	Strasbourg	105	158	1309
Strausseisen, Louis	Metz	94	—	867
Streilen, Louis	Strasbourg	—	837	—
Streit, Nicolas	Sarrebourg	16	549	813
Strich, Joseph	Mulhouse	—	261	—
Studer, Antoinette	Mulhouse	31	823	—
Studer, Simon	Mulhouse	91	709	—
Stuermer, Jean	Brunstatt	6[illegible]	335	—
Sutter, Marie	Fréland	108	871	104
T				
Taillard, Lucien	Metz	—	—	40
Tempé, Constant	Ribeauvillé	81	962	497
Tempé, Paul	Colmar	135	565	346
Tenes, Pierre	Metz	—	—	301
Theiss, Pierre	Metz	—	—	1472
Theiss, Mme	Metz	—	—	1037
Thiébaut, Abel	Lubécourt	726	702	—
Thiébaut, Charles	Metz	—	393	—
Thiébaut, Eugène	Metz	240	336	—
Thiébaut, Jacques	Metz	—	—	1335
Thiriat, Michel	Metz	—	1507	—
Thiriet, Camille	Saales	66	1152	367
Thiriet, Cécile	Mulhouse	92	954	—
Thiriet, Pierre	Guebwiller	29	387	—
Thomann, Alphonse	Mulhouse	499	202	—
Thomas, Félix	Vic-s.-Seille	8	395	
Thoret, Jean-Baptiste	Liebsdorf	136	1137	—
Touche, Eugène	Hellering	—	—	1037
Tournois, Eugène	Metz	—	—	275
Tournois, Henri	Metz	—	—	168
Tournois, Jean	Metz	—	—	275
Tournois, Joseph	Metz	—	—	41

Nom	Domicile	Prison	Domicile forcé et internement	Domicile libre
Tourtellier, Adolphe	Mulhouse	—	721	—
Tourtellier, Louise	Mulhouse	—	721	—
Tourtellier, Marguerite	Mulhouse	—	721	—
Toussaint, Emile	Gorze	—	78	—
Touvenin, Auguste	Metz	—	—	924
Trautmann, Frédéric	Strasbourg	—	514	—
Trommelschlager, Eugénie	Massevaux	437	1093	—
Trompette, Constant	Dieuze	340	129	—
Tschaeglé, Catherine	Soultz	308	578	427
Thaeglé, Joseph	Soultz	622	244	454
Tschann, Aloyse	Rammersmatt	395	1087	—
Tschora, Albert	Pfastatt	117	89	—
Turck, Contantin	Maizières-les-Metz	—	1507	—

U

Nom	Domicile	Prison	Domicile forcé et internement	Domicile libre
Ueberschlag, Marie	Mulhouse	—	601	—
Uetwiller, Caroline	Mulhouse	—	595	—
Ullmann, Mathieu	Wasserbourg	84	610	—
Ullmann, Pauline	Mulhouse	30	1044	—
Untereiner, Henri	Dieuze	57	59	—
Urbain, Pierre	Metz	—	278	508

V

Nom	Domicile	Prison	Domicile forcé et internement	Domicile libre
Vagnair, Emile	Metz	—	—	107
Vagnair, Paul	Metz	—	—	111
Valdéjo, Jeanne	Ste-Marie-aux-Mines	—	1420	—
Van Emmrik	Strasbourg	241	49	—
Vassor, Hector	Uckange	138	489	—
Vaudois, Joachim	Rombas	2	614	864
Vaxelaire, Louise	Ste-Marie-aux-Mines	—	—	1322
Vechenausky, Charles	Bertrange	12	946	—
Velot, Joseph	Mulcey	118	730	—
Verly, Henri	Belmont	61	—	463
Vernier, Alfred	Turquestin	53	1185	—

Nom	Domicile	Prison	Domicile forcé et internement	Domicile libre
Vernier, Emile	Turquestin	53	1185	—
Vetter, Jean-Baptiste	Strasbourg	504	725	345
Viardo, Lucien	Montigny-les-Metz	57	488	—
Victorien, Louis	Puttigny	87	1424	—
Vigniert, Georges	Saint-Julien	—	222	—
Villig, Alice	Mulhouse	—	943	—
Villig, Alphonse	Mulhouse	—	943	—
Villig, Angélique	Mulhouse	—	943	—
Villig, Hortense	Mulhouse	—	943	—
Vogel, Achille	Larny-les-Metz	756	—	890
Vogel, Albertine	Larny-les-Metz	—	—	979
Vogel, Xavier	Soultz	136	617	—
Vogin, Emile	Harny	—	—	681
Vogt, Charles	Mulhouse	—	1076	—
Vogt, Fernand	Mulhouse	65	103	—
Vogt, Germaine	Mulhouse	—	1076	—
Vogt, Marie	Mulhouse	—	1076	—
Vonderweidt, Frédéric	Bischwiller	80	—	43
Vonfeldt, Jules	Colmar	156	430	—
Vouriot, Julien	Hattigny	63	18	—

W

Nom	Domicile	Prison	Domicile forcé et internement	Domicile libre
Wack, Louis	Rozérieulles	—	462	—
Wadel, Célestine	Mulhouse	71	870	530
Wagner, Auguste	Mulhouse	31	824	—
Wagner, Edouard	Strasbourg	—	319	32
Wagner, Emile	Lutterbach	42	558	—
Wagner, Fortunée	Strasbourg	—	319	32
Wahl, Charles	Mulhouse	—	199	—
Wahl Florine	Mulhouse	—	199	—
Walbock, Louis	Rémilly	—	192	1372
Walch, Henri	Berling	354	—	1028
Waltenspiel, Emile	Bourgfelden	35	882	—
Walter, Charles	Barembach	299	689	97

Nom	Domicile	Prison	Domicile forcé et internement	Domicile libre
Walter, Eugène	Sarrebourg	—	764	—
Walter, Eugène	Issenheim	325	293	—
Walter, Eugénie	Barembach	339	689	97
Walter, Marie	Riedisheim	96	609	—
Waltz, Frédéric	Colmar	116	1198	—
Wasser, Julien	Waldersbach	139	682	—
Watier, François	Gorze	25	47	—
Watier, Hippolyte	Montoy-Floville	—	135	—
Watrin, Camille	Metz	11	172	—
Weber, Albert	Saverne	122	858	—
Weber, Alexis	Boulay	45	60	—
Weber, Elisabeth	Colmar	65	698	—
Weber, Joseph	Laboville	12	118	—
Weber, Joseph	Colmar	308	531	—
Weber, Philippe	Haguenau	80	395	—
Weber, Pierre	Metz	—	—	925
Weber, Victor	Haguenau	61	448	—
Weck, Charles	?	—	1684	—
Weil, Gustave	Saint-Dié	242	249	127
Weill, Marcel (fils)	Colmar	—	527	—
Weinzorn, Barbe	Mulhouse	—	479	190
Weinzorn, Louis	Mulhouse	359	550	—
Weinzorn, Louise	Mulhouse	83	479	190
Weiss, Albert	Réguisheim	118	365	—
Weiss, Henri	Mulhouse	13	—	870
Weiss, Madeleine	Riedisheim	—	1201	—
Weiss, Paul	Riedisheim	—	1201	—
Weiss, Victor	Réguisheim	116	365	—
Weissbecker, Jeanne	Guebwiller	—	—	601
Weiter, Jean	Dornach	462	813	—
Welther, Thimoté	Metz	81	835	—
Weltz, Léon	Sarrebourg	54	70	—
Welvert, Théophile	Moyeuvre	59	834	—
Wendling, Valentine	Hartzwiller	1056	87	—

Nom	Domicile	Prison	Domicile forcé et internement	Domicile libre
Wenger, Jean-Baptiste	Schirmeck	26	862	—
Wenger, Paul	Schiltigheim	63	—	1949
Werlen, Albert	Buhl	367	103	—
Wernert, Marie	Colmar	457	111	—
Wersinger, Julien	Riedisheim	—	144	—
Wetterlin, Ignace	Mulhouse	422	722	—
Wetzel, Joseph	Metz	—	—	101
Weymann, Louis	Strasbourg	366	814	—
Wicky, Auguste	Mulhouse	211	528	—
Willaume, Louis	Metz	—	—	870
Willig, Charles	Mespach-le-Bas	195	590	—
Willig, Jean	Altkirch	147	1175	—
Willmann, Alphonse	Strasbourg	—	123	—
Wilmin, François	Hayange	145	615	—
Wilratt, Edouard	Metz	—	—	111
Wilzius, Edouard	Marange-Silvange	—	879	—
Winsbach, Paul	Metz	—	941	628
Wintergerst, Delphine	Mulhouse	63	793	—
Wintzer, Joseph	Huningue	—	—	899
Wirth, Joseph	Galfingen	114	1224	—
Wisenhoffer, Thérèse	Mulhouse	61	103	—
Woehrlé, Henri	Belfort	204	1287	—
Woehrlé, Marguerite	Belfort	—	1099	—
Woelfel, Frédéric	Mulhouse	263	297	—
Wohlfahrt, Jacques	Soultz	—	—	1030
Woirhaye, Charles	Vionville	—	123	—
Wolf, Charles	Dornach	—	1053	—
Wolf, Edouard	Buhl	—	737	—
Wolfensperger, Auguste	Soultz	69	—	419
Wolfer, Blaise	Niederlarg	—	1107	—
Wolff, Alfred	Mulhouse	488	193	—
Wolff, Jules	Epinal	136	1184	228
Wolff, Raphaël	Sélestat	74	21	—
Wonner, Pierre	Ban-Saint-Martin	—	—	725

Nom	Domicile	Prison	Domicile forcé et internement	Domicile libre
Woreth, Charles	Mulhouse	—	217	—
Wunnenburger, Catherine	Strasbourg	45	396	—
Wunnenburger, Jean	Strasbourg	96	396	—
	Z			
Zann, Auguste	Kaysersberg	—	699	—
Zaug, Victor	Ste-Marie-aux-Mines	331	847	346
Ziegelmayer, Joseph	Merxwiller	—	—	145
Ziegler, Jean-Baptiste	Soultz	83	688	—
Zimmer, Charles	Thionville	8	59	—
Zimmer, François	Thionville	9	189	1365
Zimmer, Louise	Thionville	—	—	1071
Zimmermann, Adrien	Mulhouse	92	—	1108
Zimmermann, Antoine	Mulhouse	—	179	208
Zimmermann, Barbe	Colmar	180	100	60
Zimmermann, Charles	Dornach	—	—	975
Zimmermann, Pierre	Kientzheim	75½	412	—
Zinck, François	Bischheim	183	—	425
Zirkenbach, Alfred	Metz	—	—	1137
Zislin, Constantin	Mulhouse	—	1285	—
Zislin, Jules	Mulhouse	88	788	523
Zislin, Luise	Mulhouse	—	1285	—
Zuber, Pierre	Strasbourg	—	1340	—
Zund, Emilie	Mulhouse	158	1070	—
Zundel Charles	Durmenach	136	625	—
Zurbach, Eugène	Mulhouse	80	11	—
Zusatz, Louis	Colmar	449	403	—
Zussy, Marie	Soultz	808	529	474

www.ingramcontent.com/pod-product-compliance
Ingram Content Group UK Ltd.
Pitfield, Milton Keynes, MK11 3LW, UK
UKHW020550180726
13838UKWH00001B/143

9 782329 036465